W0228480

Klaus Böldl

Der nächtliche Lehrer

Roman

S. Fischer

© S. Fischer Verlag, Frankfurt am Main 2010
Druck und Bindung: GGP Media GmbH, Pößneck
Satz: Dörlemann Satz, Lemförde
Printed in Germany
ISBN 978-3-10-007627-4

Wer erinnerte sich nicht an jenen heißen Juni vor mehr als einem Vierteljahrhundert? Von Dublin bis Moskau, vom Mittelmeerraum bis in den hohen Norden Skandinaviens hinauf war nirgendwo eine Wolke am Himmel zu sehen. Schon in den letzten Maitagen hatte man die ganze Nacht hindurch das Schlafzimmerfenster offen stehen, obwohl es auch nach Sonnenuntergang kaum abkühlte. Es war eine Zeit der verheerenden Waldbrände und der ersten Hitzetoten. An einem dieser Tage fuhr Lennart nach Sandvika, um sich dem Leiter des Gymnasiums vorzustellen, an dem er vom folgenden Schuljahr an als Lehrer für Kunst und Religion arbeiten sollte. Es würde Lennarts erste Stelle sein, denn gerade erst hatte er sein Studium mit dem Referendariat abgeschlossen. Es sollte auch seine einzige bleiben.

Immer leerer wurde es im Laufe des Vormittags in den Zügen, in denen Lennart auf immer weiter sich verzweigenden Nebenstrecken unterwegs war, und in dem Regionalzug auf dem letzten Abschnitt seiner Reise saß er endlich ganz allein im Abteil, mit verschränkten Armen, die Füße auf den Sitz gegenüber gelegt. Aus einem Riss in der Lehne neben ihm quoll gelber Schaumgummi. Vom nächsten Wagen kamen von Zeit zu Zeit ein paar halbwüchsige Mädchen kreischend durch den Gang gerannt, immer auf und ab. Offenbar handelte es sich dabei um ein Spiel, das Lennart eine Zeitlang in wachsender Gereiztheit zu ergründen versuchte. In den letzten Jahren hatte er eine immer deutlichere Abneigung gegen Spiele entwickelt.

Dann dachte er wieder daran, dass sein Leben, wenn er die Stelle erhalten sollte, sich bis zur Unkenntlichkeit verändern würde, und er selbst sich vielleicht ebenfalls. Von morgens bis abends würde sein Leben fortan ein anderes sein, möglicherweise, mit anderen Dingen vor den Fenstern, anderen Bäumen, und mit anderen Menschen um sich und mit anderen Gedanken, die ihm durch den Kopf gehen würden. Jemand anderes würde seine Wohnung in Stockholm beziehen, würde fremde Möbel in den drei Zimmern aufstellen, würde Bilder mit unbekannten Motiven an die Wände hängen und morgens beim Aufziehen der Vorhänge doch auf den vertrauten Hof mit den Goldregensträuchern und den braun gestrichenen Garagentoren hinunterschauen.

Lennarts bisheriges Dasein, so wie es sich in seinen Erinnerungen niederschlug, war ihm immer als Zusammenhang ohne größere Brüche oder Zwischenräume erschienen: von den allerfrühesten Kindheitseindrücken, einem unsicheren Gang an einem rasch dahinschießenden dunkelgrünen Wasser entlang, dem gellenden Pfiff einer Eisenbahn in einer rosa Abenddämmerung, der vollgepissten Hose: erst heiß, dann kalt –, bis zu dem gerade stattfindenden Augenblick im leeren Abteil des Zuges nach Sandvika, in dem Lennart ein Brandloch in dem braunen Fenstervorhang entdeckte: Alles jemals Wahrgenommene ging ihm stets als Teil einer freilich undurchsichtigen und möglicherweise schlecht erzählten, aber doch unbeirrbar dahinfließenden Geschichte auf.

Warum eigentlich, hatte er sich in den vergangenen Tagen immer wieder gefragt, empfahl ihn die Schulbehörde von der Hauptstadt, in der er kürzlich sein Referendariat beendet hatte, geradenwegs in eine Abgeschiedenheit, die so tief war, dass man sich wohl niemals mehr aus ihr würde herausarbeiten können? Lennart hatte den Namen Sandvika noch nie zuvor gehört, hatte eine ganze Weile gebraucht, bis er ihn in seinem alten Schulatlas überhaupt fand: eine kleine Stadt an einem langgestreckten See, in einer dünn besiedelten Gegend.

Aus der sanft hügeligen Waldlandschaft, die draußen vorbeiflog, verflüchtigten sich die Zeichen der Bewohntheit immer mehr. Zeitweise ging es mitten durch nachtdunkle Nadelwälder, dann mischten sich wieder Birken und manchmal Eichen dazwischen und hellten den Wald auf. Die Lichtflecken, mit denen der braune Boden da drinnen gesprenkelt war, schienen nichts mit der

Sonne am Himmel zu tun zu haben. Regte sich etwas im bläulichen Schatten auf einem der Forstwege, war es bestimmt nur ein Hase oder ein Eichhörnchen.

Nach einiger Zeit war der Waldgürtel durchmessen und es tat sich ein mittäglich schattenloses Wiesen- und Ackerland auf, das in der Ferne von einem graublauen Hügelzug begrenzt wurde. Hier und da ein spitz zulaufender Kirchturm. Getreide, noch grün, füllte weite Flächen aus. Irgendwo fuhr, sehr langsam, ein Traktor dahin. Einen Feldweg, der eine Weile neben dem Gleis herlief, säumten Mohnblumen, deren Rot einen blassen leeren Raum um sich erzeugte. Dann wurde aus den Feldern plötzlich eine gleißende Wasserfläche, mit einzelnen Segeldreiecken darüber verstreut.

Kurz danach stand Lennart in seinem flaschengrünen Cordsamtanzug – er hatte damals keinen anderen – auf dem Bahnsteig von Sandvika. Ein heißer Wind blies ihm ins Gesicht. Das Sakko hatte er über die Schulter geworfen; bestimmt, dachte er, waren unter seinen Achseln große Schweißflecke zu sehen. Kaum eine Minute verging, und der Zug fuhr mit einem mühsamen Ruck wieder an. Hinter den die Backsteinfassade des Stationsgebäudes spiegelnden Scheiben waren die sonnenhellen Polsterlehnen wie Schemen aus einer fernen Welt gerade noch auszumachen. Aus dem letzten Abteilfenster lehnte sich ein kleiner weißblonder Junge und rief Lennart aufgeregt etwas zu, das nicht zu verstehen war.

Einen Augenblick lang stellte Lennart sich vor, wie er sich selbst auf einmal als vager Umriss hinter einer der Scheiben erschiene: eine gleichgültig auf den Bahnsteig einer gleichgültigen Kleinstadt hinausschauende Gestalt, der der Name Sandvika nichts sagte, die irgendwo anders hin unterwegs wäre und die sich schon längst wieder in die kommenden Fernen hineingeträumt hätte. Und nur eine leere Hülle, eine in einen möglicherweise allzu grünen Cordsamtanzug gekleidete Puppe auf dem glühheißen Bahnsteig von Sandvika zurückgelassen habe. Doch war der Zug schon verschwunden und hatte den Blick auf das in der Brise leise knisternde Schilf geöffnet, das bis dicht an den Gleiskörper heranreichte. Kleine verschreckt zwitschernde Vögel sprühten unablässig daraus empor, als säße da jemand in den Binsen und werfe sie in die Luft.

Draußen auf dem See war eine ganze Armada von Schlauch- und Ruderbooten zu einer nahen Felseninsel unterwegs; das Gelächter und Gekreische, das von dort herüberwehte, hatte, wie immer, wenn Laute sich über einem weiten Wasser verbreiten, etwas beinahe Ersticktes. Vom Gleisbett drang ein leiser Geruch nach Maschinenöl herauf, vermischte sich mit dem eines sonnenheißen Unkrauts, und am anderen Ende des Bahnsteigs schien eine vereinzelte Gestalt im Hitzeflimmern zu vergehen.

Am Eingang zur Schalterhalle hatte sich die Mädchengruppe aus dem Zug gesammelt: Ein eigenartiger, wenn auch von niemandem beachteter Anblick muss das gewesen sein, wie Lennarts dunkle, damals schon ein wenig korpulente Gestalt gleich einem Schatten durch die Menge von schlaksigen nackten Armen und Beinen glitt, durch vom Sommerwind geblähte gemusterte Röcke und aufgeregt wippende, von Gummibändern zusammengehaltene Pferdeschwänze. Worauf warteten diese Mädchen eigentlich? Lennart fragte sich, ob sie immer noch in ihrem Spiel befangen sein mochten.

Kurz darauf sperrte er seinen kleinen, zerkratzten Koffer in ein Schließfach und stieg in das einzige vor dem Bahnhofsgebäude wartende Taxi. Die Hitze im Wagen, der Geruch nach den heißen Polstern benahm ihm den Atem; er spürte, wie ihm unter dem Hemd der Schweiß hinablief. Vom Innenspiegel baumelte eine Schlumpffigur. Die Fahrerin, fast noch ein Mädchen, hatte rote drahtige Haare, das breite Gesicht und selbst der Hals waren voller Sommersprossen. Auch die Arme waren mit blassen Sommersprossen übersät, bis zu den Handrücken hinunter.

Sie sind der neue Lehrer, stellte sie fest, nachdem Lennart sein Ziel angegeben hatte. Meine kleine Schwester hat mir erzählt, dass zwei neue Lehrer kommen.

Zwei, sagen Sie? Ja, es könnte so kommen, sagte Lennart. Und nach einer Pause, während der der Wagen schon eine Zeitlang eine staubige, schattenlose Allee

entlanggefahren war, ganz ohne Menschen auf den Geh-
steigen, bekräftigte er es noch einmal, wie für sich selbst:
Ich bin der neue Lehrer.

Plötzlich bremste die Fahrerin scharf: Vor ihnen kau-
erte eine Frau auf der Fahrbahn und las in kindlicher
Versunkenheit, ohne den Blick zu heben, irgendwelche
kleinen Gegenstände auf, Murmeln vielleicht oder Mün-
zen, Lennart konnte es nicht erkennen. Trotz der Hitze
trug sie eine eng anliegende Samtmütze, unter der ra-
benschwarze Locken hervorquollen, und einen türkis-
farbenen Mantel, dessen Schöße weit über den Asphalt
gebreitet waren. Die Fahrerin wies mit dem Kinn auf die
Frau, sagte etwas, das Lennart nicht verstand, und lachte
kopfschüttelnd, ohne die Frau dabei aus den Augen zu
lassen.

Als das Taxi dann vor dem Schulhaus am Stadtrand
hielt, läutete es von einem fernen Kirchturm gerade Mittag. Das Gelände war wie ausgestorben; die Kinder mussten Hitzefrei bekommen haben. Nur eine dicke schwarze
Katze mit einer weißen Schwanzspitze strich über den
im Sonnenlicht flimmernden Asphalt des Hofes, und
über den Beeten des Schulgartens daneben kreiselten
ein paar Hummeln: Es sah aus, als kämpften sie gegen
einen Sog an.

Drinnen im Haus war eine ungeheuer dicke Frau,
die unter ihrer Kittelschürze ganz nackt zu sein schien,
mit dem Bohnern der Treppe beschäftigt. Auf Lennarts

Frage, wo er das Büro des Schulleiters finde, stützte sie sich auf den Stiel ihres Blockers und deutete atemlos auf den oberen Treppenabsatz. Ihr Gesicht glänzte von Schweiß.

Selbst die Sekretärin war nach Hause geschickt worden, oder sie hatte fluchtartig ihren Schreibtisch verlassen: Um die Stuhllehne hing noch die Strickjacke, und neben dem Telefon stand eine weiße Kaffeetasse mit einem Marienkäfermuster. Vielleicht gab es auch am vorletzten Tag vor den Sommerferien nicht mehr viel zu tun.

Vom Fenster des Büros des Schulleiters ging der Blick auf eine wohl seit langem nicht mehr gemähte, mit Mohn- und Kornblumen durchsetzte Wiese und auf ein schütteres Fichtengehölz dahinter, in dem ein kleines Mädchen in einem roten Kleid wie auf Zehenspitzen herumschlich. An der Decke des geräumigen Büros drehte sich träge und nutzlos ein großer Ventilator, wie in den alten amerikanischen Detektivfilmen, und brachte die Papiere auf der weiten schwarzen Tischplatte darunter in eine schläfrig blätternde Bewegung.

Der Schulleiter war ein massiger Mann um die vierzig mit einer Glatze und einer schweren Kastenbrille. Die Ärmel hatte er hochgekrempelt, die buntgestreifte Krawatte hing am Knauf des Aktenschranks. Er rauchte einen Zigarillo und hatte sich halb auf das Fensterbrett gesetzt, von wo er Lennart seine massige nasse Hand reichte. Auch er hatte große Schweißflecke unter den Achseln; Lennart bemerkte es mit einer gewissen Sympathie.

Der Schulleiter musterte Lennart mit einem freundlichen und neugierigen Lächeln und fragte dann nach seiner Reise.

Aus Stockholm, das ist wirklich weit. Sie müssen früh aufgestanden sein.

Dann nannte er ihm die Zahl der Schüler und der Klassen und die der Lehrer; Lennart hatte sie im nächsten Augenblick wieder vergessen.

Wir sind ja nur eine mittelgroße Schule, höchstens.

Wie aus großer Ferne hörte Lennart den Schulleiter von seinem Segelboot und seinem *schwierigen* Sohn erzählen, den er schließlich in ein Internat habe geben müssen.

Vielleicht ist es ja auch nicht so leicht, der Sohn eines Schulleiters zu sein. Der Schulleiter lachte.

Sie haben wohl noch keine Kinder? Nein, natürlich nicht … Aber die meisten Schüler hier sind nicht so, fügte er nach einer nachdenklichen Pause hinzu. Sie machen uns wenig Kummer, wenn ich es recht bedenke. Verglichen mit dem, was man sonst so liest … Seit fünf Jahren leite ich diese Schule, insgesamt fünfzehn Jahre bin ich hier. Fünfzehn Jahre … Gegen Ende des Schuljahrs gebe ich oft Hitzefrei, es bleibt mir gar nichts übrig. Es kann Anfang Juni schon sehr heiß sein in dieser

Gegend, wie Sie sehen. Dafür kann es dann im Januar und Februar sehr kalt werden.

Sie haben einen Schulgarten, sagte Lennart. Ich habe noch nie einen richtigen Schulgarten gesehen.

Eigentlich eine schöne Einrichtung, ja. Allerdings interessieren sich unsere beiden Biologielehrkräfte nicht besonders dafür, deshalb ist er nicht in der besten Verfassung.

Lennart nickte und blickte sich um. An der Wand hinter dem Schreibtisch entdeckte er einen Kalender mit einem Gemälde von Paul Cézanne. Es zeigte eine weißgraue und braune Landschaft während der Schneeschmelze, nur ein paar Hausdächer schimmerten karminrot unter einem finstertrüben Sturmhimmel auf. Der Schulleiter folgte mit einem neugierigen Ausdruck Lennarts Blick, sah dann wieder Lennart an:

Mögen Sie Cézanne? Ein ziemlich ungewöhnlicher Cézanne, nicht wahr, vor allem was die Stimmung angeht, die Jahreszeit. Es herrscht gar keine Cézannetemperatur in dem Bild.

Ein ziemlich frühes Bild, Schneeschmelze bei L'Estaque, sagte Lennart mit einer leichten Verbeugung, 1870 oder 1871 gemalt.

Der Schulleiter lachte und reichte ihm wieder seine feuchte Hand. Im Augenwinkel nahm Lennart wieder das rote Kleid des Mädchens zwischen den Fichtenstämmen wahr.

Sie bekommen dann Bescheid, Lennart – ich darf Sie doch beim Vornamen nennen? Es wird sicher nur ein paar Tage dauern.

Das Vorstellungsgespräch war beendet.

*

Lennart fühlte sich erleichtert, als er von der Schule durch die fast menschenleeren Kleinstadtstraßen zurück in Richtung Bahnhof wanderte, in seinem flaschengrünen Cordsamtanzug, das Sakko über die Schulter gehängt, die Ärmel des weißen Hemdes hochgekrempelt. Ja, da waren, geradeso wie beim Schulleiter, große Schweißflecken unter den Achseln, er hatte sich davon überzeugt.

Es war Sommer, Hochsommer. Keine Wolke stand am Himmel. Anfangs Einfamilienhäuser mit hölzernen Veranden, davor geschorene Rasenflächen, Obstbäume. Dann zweigeschossige Backsteinhäuser mit einem schmalen Grünstreifen davor. Die wenigen Läden in dieser Wohngegend waren alle über Mittag geschlossen. In einem Fenster stand ein Käfig mit einem unglücklich tschilpenden Wellensittich. Hin und wieder stieg Lennart auf dem Weg ein Mittagessensgeruch in die Nase. Tief im Inneren eines Hauses stritten sich ein Mann und eine Frau. Oder war es nur die Mittagsstille, vor der sich die Stimmen so lebhaft und erregt ausnahmen? Ein sorgsam am Straßenrand geparktes Dreirad, die roten, weißen, blauen Wäscheklammern an einer Leine: Wie unscheinbar, ja beinahe wesenlos hier gewohnt wurde, ging es Lennart durch den Kopf, es bedurfte schier gar keiner Menschen dazu. Ein Igel rannte über den heißen Asphalt, bewegte sich dabei wie eine große kurze Raupe.

Lennart erfasste, wie er so in der glühenden Sonne dahinwanderte, ein fast zärtliches Mitgefühl für die Straßen in diesem unbekannten Sandvika, so schweigsam und sommerstaubig, wie sie waren, und so ohne Merkmale. Ihre vollkommene Austauschbarkeit mit allen erdenklichen Provinzsommerstraßen, die Unmöglichkeit, etwas über sie zu erzählen, empfand Lennart als Befreiung. Wie ist es denn nun in Sandvika, würden ihn seine Freunde in der Hauptstadt fragen. Unwillkürlich ging Lennart etwas schneller. Es war heiß und still, würde er erzählen. Es gibt einen großen See, der sich einem auch weit weg vom Ufer noch mitteilt, durch eine gewisse Weitung des Himmels, möglicherweise, und der bis dicht an den Bahnhof heranreicht. Mitten in der Stadt stehen an manchen Stellen Fichten, Kiefern, Waldbäume. Fichtenzapfen auf den Bürgersteigen hätte Lennart zu vermelden.

Ich kann es mir vorstellen, hier zu sein, ging es ihm immer wieder durch den Kopf. Hier vor mich hinzuleben, an diesem See, unter diesen Bäumen, mit den Vorstadtstraßen als Weg zur Schule. Als Lehrer für Kunst und für Religion in einem Nest am Ende der Welt.

Lennart überquerte den weiten Platz vor dem Stationsgebäude und betrat dann das Bahnhofslokal. Dort herrschte, im Vergleich zur grellen Sonne draußen, eine kühle Dämmerung. Es verging ein Moment, in dem sich eine beinahe unterschiedslose Schwärze auf seinen Netzhäuten ausbreitete, ehe die Reihen dunkel gebeizter Tische und Stühle hervortraten. An den Wänden hingen gerahmte, kolorierte Stiche von alten Dampflokomotiven. Hinter der Theke am anderen Ende des Gastraums regte sich unbestimmt eine Gestalt. Vor den Fenstern, die auf den Bahnsteig hinausgingen, waren die dunkelgrünen Vorhänge jeweils nur einen Spaltweit aufgezogen. In den Sonnenlichtstreifen, die im Dämmer über den Tischen und dem Fußboden lagen, kreisten ein paar Fliegen.

Als einziger Gast saß an einem Ecktisch gleich neben der Tür ein etwa vierzigjähriger Mann in einem großkarierten Jackett. Er hatte das Kinn in die Hand gestützt und starrte feindselig auf das halbleere Glas vor sich. Das dünne blonde Haar hing ihm in fettigen Strähnen in die Stirn. Sein Gesicht war dunkelrot; die teigigen weißen Hände schienen zu einem anderen Körper zu gehören. Als Lennart an ihm vorbeiging, stieg ihm der Geruch von Schnaps, kaltem Rauch und eingetrocknetem Schweiß in die Nase. Er spürte, wie er in das Blickfeld des Mannes eintrat, wie die wässrigen Blicke über seinen

17

Hinterkopf, den Rücken glitten, und auch dass er dann wieder unbeobachtet war, fühlte er deutlich wie das Aufhören einer Berührung.

Lennart saß nicht lange in dem Restaurant. Das Dämmerlicht, das ihn umgab, machte ihn beklommen. Während er auf das Nudelgericht wartete, dachte er an das Schulhaus zurück, an den Geruch nach Bohnerwachs auf der Treppe, die Haarspange, die auf dem Treppenabsatz gelegen hatte, die Kinderzeichnungen an der Wand, das Büro des Schulleiters. Auch das Cézanne-Bild, ein düsterer grauer Fleck inmitten dieses grellen Junitags, fiel ihm wieder ein, das kleine Mädchen, das draußen wie auf Zehenspitzen zwischen den Waldbäumen herumgegangen war, die merkwürdige Frau mit den schwarzen Locken unter der Mütze, die auf der Straße gekauert hatte, und sogar die hellgraue Strickjacke, die im Vorzimmer des Schulleiterbüros über der Stuhllehne gehangen hatte. Beim Hinausgehen hatte der Schulleiter ihm noch das Lehrerzimmer mit der langen Tischreihe für die Konferenzen gezeigt, das auf demselben Flur lag wie das Rektorat, und dessen Fenster ebenfalls auf das Fichtenwäldchen hinausgingen, und auf die ungemähte Wiese davor, über der Bienen und Hummeln und Schmetterlinge umhergeschwebt waren, ein flimmernder, siedender Dunst von Insekten. An einem der Fenstertische hatte ein grauhaariger Lehrer in einem karierten Hemd gesessen und Hefte korrigiert. Mit einem raschen Blick über die Schulter, in dem etwas Trauriges und zugleich Schuldbewusstes zu liegen schien, hatte er Lennart gegrüßt. Noch bevor Lennart seinem Namen irgendeine Freundlichkeit hatte hinzufügen können, hatte der Lehrer schon das nächste Heft vom Stapel genommen und aufgeschlagen.

Die dicke Frau, die die Treppe geputzt hatte, erinnerte ihn im Zurückdenken plötzlich an die Mutter eines Schulkameraden. Zu Alberts Lieblingsbeschäftigungen hatte es immer gehört, der Mutter heimlich durchs Fenster beim Baden zuzusehen. Oft erzählte er Lennart in der Pause davon. Seine hinter den dicken Brillengläsern winzig erscheinenden Augen füllten sich dann vor Begeisterung mit Tränen. So groß wie Medizinbälle seien die Brüste seiner Mutter, erzählte er flüsternd, und vielleicht fast ebenso schwer, dabei aber weiß wie Schnee, und lange rosa Spitzen säßen darauf. Der beste Augenblick kam für Albert, wenn die Mutter endlich stöhnend und schnaufend aus der Wanne stieg: Wenn sie sich dabei nach vorne beugte, fielen die Brüste herab und wurden ganz länglich, wie mit Wasser gefüllte Ballons.

Während Lennart über den Teller gebeugt die zu weich gekochten Nudeln Bissen um Bissen in den Mund schob, kam es ihm so vor, als würde Albert jetzt vor ihm stehen, wenn er den Blick höbe. Durch seine dicke Brille würde er ihn anstarren, mit stummem Vorwurf, um keinen Tag gealtert seit damals. Er trüge den braunen, von seiner Mutter gestrickten Pullunder mit dem Zopfmuster, den er in Lennarts Erinnerung sommers wie winters anhatte und in dem man ihn bestimmt auch in den Sarg gelegt hatte, denn er war bald danach an einem Blinddarmdurchbruch gestorben, mitten in den Osterferien. Ob man ihm auch die Brille aufgesetzt hatte, bevor der Sarg verschlossen worden war? Wenn es ein jenseitiges Leben gab, hätte Albert ohne seine Brille gar nicht daran teilhaben können.

Lennart stellte sich oft vor, die Menschen anziehen, herbeilocken, ja sie aus ihren Gräbern steigen lassen zu können, nur indem er sich an sie erinnerte, sie bedachte in all ihren Einzelheiten, eindringlich, unvermittelt, hinterrücks, so dass sie keine Zeit mehr hatten, Vorkehrungen zu treffen, sich abzuwenden. In der Erinnerung kamen ihm die Menschen oft wesentlicher vor als in der Wirklichkeit. Wenn er so lange über jemanden nachgedacht hatte, fiel ihm manchmal nichts ein, wenn ihm die Person dann gegenübersaß. Oft dachte er auch über Leute nach, die schon lange aus seinem Leben verschwunden waren. Gerade einmal fünfundzwanzig Jahre alt, hatte Lennart schon eine ganze Reihe von Menschen überlebt, und manchen von ihnen hätte er noch etwas zu sagen gehabt, auch seiner drei Jahre jüngeren Schwester Elsalill, die als Vierzehnjährige bei einem Schulausflug im Mälarsee ertrunken war.

In einem Zug trank Lennart das Bierglas leer und

schob entschlossen den Nudelteller zur Seite. Zur gleichen Zeit rollte mit lautem, rhythmischem Poltern ein schier endloser, mit Fichtenstämmen beladener Güterzug durch den Bahnhof, ließ draußen auf dem Bahnsteig ein Zeitungspapier emporfliegen und löschte immer wieder für Augenblicke die Sonnenstreifen auf dem Fußboden aus. Lennart winkte der Kellnerin und war sich auf einmal bewusst, dass er sich in vielen Jahren noch an diese unscheinbare Stunde würde erinnern können, an den wortlosen Trinker im Augenwinkel, das Dämmerlicht im Gastraum, die kolorierten Stiche von Lokomotiven an den Wänden, die ärgerlichen Saucenspritzer auf seinem weißen Hemd.

*

Das Hotelzimmer wirkte, vielleicht wegen seiner Sommerhelligkeit, unerwartet groß. An einem hellen Rechteck an der Wand über dem Doppelbett mit der gehäkelten Tagesdecke war zu erkennen, dass von dort vor einiger Zeit ein recht großes Bild entfernt worden sein musste. Lennart nahm sich vor, an der Rezeption danach zu fragen, und wusste schon im gleichen Moment, dass er es doch vergessen würde.

Als Lennart dann in seinem Koffer nach dem Kulturbeutel kramte, stellte er fest, dass er am Morgen in der Eile nicht nur einen ganzen Stapel Hemden eingepackt hatte, obwohl er doch schon am anderen Tag wieder zu Hause sein wollte; es waren überdies lauter Hemden, die er viele Jahre nicht mehr getragen hatte und von denen er gar nicht gewusst hatte, dass sie in seinem Kleiderschrank noch ihr unbeachtetes Dasein führten, ebenso wie die schwarze Windjacke mit dem Gummizug an den Ärmeln, die noch aus seinen letzten Jahren auf dem Gymnasium stammen musste und aus der jetzt beim Herausnehmen sogar ein schon lange nicht mehr gültiger Geldschein fiel.

Er öffnete das Fenster und steckte sich eine Zigarette an (kurze Zeit später sollte er das Rauchen von einem Tag auf den anderen aufgeben, wegen Elisabeth, die von dem Geruch immer Kopfschmerzen bekam, und auch als sie dann wieder fort war, fing er nicht mehr damit an). Das Zimmer ging auf den in der Nachmittagssonne besonders sinnlos weiten Bahnhofsplatz hinaus. Gegenüber das Stationsgebäude mit seinen zwei Geschossen, dessen Front, nach Osten weisend, jetzt im Schatten lag. Die Fensterscheiben des oberen Stockwerks warfen den einförmig blauen Himmel zurück. Eines der Fenster über dem Eingang zur Schalterhalle stand offen. Ein Mann in einem leuchtend weißen Hemd lehnte bewegungslos am Fensterrahmen, in einer, wie es Lennart vorkam, ganz widernatürlichen Haltung, wie eine achtlos abgestellte Kleiderpuppe.

Links vom Bahnhofsgebäude konnte Lennart die sich

in der Brise leise rührenden Laubmassen der Bäume am Seeufer erkennen; dazwischen blitzten bei längerem Hinsehen manchmal Ausschnitte der Wasserfläche auf. In dem Augenblick, da Lennart den Blick wieder zum Bahnhof wandte, erschien da der Trinker im karierten Jackett in der Tür des Restaurants, nickte leutselig einer nur für ihn sichtbaren Menschenmenge zu, winkte ihr sogar, indem er die Hände über den Kopf hob und sie an den Gelenken drehte, und machte nach ein paar Sekunden wieder kehrt. Langsam, wie endgültig, schloss sich die Tür des Restaurants wieder hinter ihm.

Nur ein paar Schritte entfernt unter Lennarts Fenster war ein Brunnen. Die Skulptur auf dem Sockel, oben bespritzt mit weißem Möwenkot, stellte ein Paar dar, das sich, einander an den Händen fassend, in einem Reigen drehte. Große schwarzgrüne Moosflecken und weißgraue und rötliche Flechten hafteten an den steinernen Leibern. Vom Kopf des Mannes war ein Stück herausgebrochen. Schon damals musste der Brunnen seit langer Zeit abgeschaltet sein; Lennart sah ihn auch danach keinmal mit Wasser gefüllt: Der Boden innerhalb der Einfassung war, wie er im Vorbeigehen registriert hatte, bedeckt von bräunlichen Zeitungsfetzen, Glasscherben und Bierdosen sowie einem unförmigen Ding von vollkommen unbestimmter Farbe, das einmal eine alte Jacke oder Decke gewesen sein mochte.

Auf der Einfassung, Lennart zugewandt, saßen zwei

halbwüchsige Mädchen, das eine, mit leuchtend geschminkten Lippen und hellen Augen, hatte das weißblonde Haar in ein rotes Tuch geschlungen und trug Jeans und weiße Turnschuhe; das andere Mädchen, barfuß, mit tiefschwarzen langen Locken und etwas kleiner gewachsen, hatte einen knöchellangen kaffeebraunen Rock an, der mit bunten Blumen oder Punkten bedruckt war. Das blonde Mädchen war damit beschäftigt, dem schwarzen, das aus einer knisternden Chipstüte aß, eine Haarsträhne zu flechten. Ihre wollenen Umhängetaschen, gefüllt wahrscheinlich mit Schulbüchern, lagen vor ihren Füßen auf dem Pflaster. Elsalill hatte wie Lennart dunkelbraune Locken gehabt, doch das schlafwandlerische, irgendwie pflanzenhafte Für-sich-Sein des schwarzhaarigen Mädchens erinnerte ihn lebhaft an die Schwester. Irgendwo unter seinen Sachen musste noch das Schulheft mit ihren Gedichten sein, das er am Tag nach der Beerdigung in ihrem Zimmer gefunden hatte.

Sonst zeigte sich die ganze Länge der Zigarette über niemand als eine ältere Frau in einem Sommermantel, die, einmal ins Schlingern geratend, auf einem altmodischen schwarzen Fahrrad quer über den Platz in die Richtung der Uferanlagen fuhr. Mühsam folgte ihr an einer langen Leine ein altersschwacher Spitz, der das linke hintere Bein ein wenig nachzuziehen schien.

Kurz darauf sah er aber eine Möwe herabschweben und sich auf dem Kopf der steinernen Tänzerin nieder lassen. Sie streckte ein paar Mal die Flügel, als wollte sie gleich wieder auffliegen, und versank dann auf einmal, als sei sie ein Teil der Skulptur geworden, in vollkommener Bewegungslosigkeit, und nur, dass sie jetzt einen weißen Dreck mehr auf die Schulter der Tänzerin fallen ließ, zeugte von ihrer Lebendigkeit. Der Mann im Fenster über der Schalterhalle nahm immer noch dieselbe schiefe, falsche Haltung ein, aber bewegte sich da nicht unbestimmt noch eine andere Gestalt weiter hinten im Raum? Lennart war sich nicht sicher; die Büros des Bahnhofsgebäudes schienen trotz des sonnigen Tags in tiefem Dämmer zu liegen.

Der über den Augen langsam hin und herpendelnde Schmerz, wenn man in der Sommerhitze zu rasch ein Bier getrunken hat: Mit einem leisen Seufzer drückte Lennart die Zigarette an dem vielleicht von einem schweren Hagelschauer mit gleichmäßigen Dellen übersäten Fensterblech aus und warf die Kippe hinunter. Die beiden Mädchen sahen, wie die Kippe auf das Pflaster fiel und blickten dann beide gleichzeitig zu ihm herauf. Das Mädchen mit dem langen Rock starrte Lennart an, wie angstvoll, mit großen, glühend schwarzen Augen, die Lennart in der Erinnerung dann immer näher kamen, bis er am Ende glaubte, sein Gegenbild in den Pupillen des Mädchens ausmachen zu können.

*

25

Als wenige Tage nach seinem Vorstellungsgespräch das Schreiben kam, dass er zum Beginn des neuen Schuljahrs die Stelle als Kunst- und Religionslehrer am Gymnasium von Sandvika antreten könne, zögerte Lennart keinen Augenblick, den Schulleiter anzurufen und zuzusagen.

Kommen Sie nur, Lennart, ich denke, Sie passen nach Sandvika, sagte der Schulleiter. Wir freuen uns auf Sie. Unsere Sekretärin kann Ihnen helfen, hier eine Bleibe zu finden.

Was es war, das Lennart mit Macht in diese fast gesichtslose Abgeschiedenheit zog, hätte er nicht benennen können, auch später nicht. Vielleicht hatte es ihm gleich beim ersten Besuch der Anblick des weiten stillen Sees mit seinen menschenleeren Baumufern angetan oder die Mischwälder der Gegend, die märchenhaft finster in die Stadt hereinsahen und unbestimmte Erinnerungen in die Straßen trugen. Vielleicht lockte ihn auch die Übersichtlichkeit und Anspruchslosigkeit, in der die kleine Stadt mit ihren schwach befahrenen Straßen und ihren niedrigen Häusern sich am Seeufer anordnete, oder die durchsichtige waldhafte Stille, die durch alle Straßen und Häuser hindurchzugehen schien, sogar mitten am Tag. Und vielleicht hatte es auch ein wenig mit dem zugewachsenen Schulgarten zu tun, den Lennart sich als seinen Ort ausphantasierte und in dem er die Kinder malen lassen wollte. In einem Traum am

Vorabend seiner Abreise nach Sandvika vergrub er ein berühmtes Gemälde unter der Linde in der Mitte des Schulgartens. Das Motiv dieses Bildes, Maria mit dem Jesuskind, erschien dann kurz darauf als kleines Abbild auf einer Unzahl von Pilzen, die über Nacht überall aus den Beeten hervorgeschossen waren, mit einem leisen Zischen, das sich dann beim Aufwachen als das Plätschern des Wassers aus einem Gartenschlauch unten im Hof erwies.

Auch als er schon lange hier lebte, dachte er noch oft an seinen ersten Besuch in Sandvika zurück, als ob in den Eindrücken dieses ersten Tages der Grund für die große Veränderung in seinem Leben verborgen sein könnte. Er erinnerte sich an den Geruch von weitem Wasser, als er spät am Abend wieder am Fenster des Hotelzimmers stand, aus Langeweile eine Zigarette nach der anderen rauchte und der weite Platz unter ihm ganz im Dunklen lag, obwohl der Himmel in diesen Hochsommernächten eine fahle Helligkeit bewahrte. Die beiden wie ineinander versunkenen Mädchen am Brunnen, die dann tatsächlich seine Schülerinnen werden sollten, gingen ihm durch den Kopf. Der Schatten der Forellen auf dem Kieselgrund des Baches, kurz vor seiner Einmündung in den See. Der blendend weiße Kittel der Apothekerin, die sich traumwandlerisch vor der hohen Wand aus dunkel gebeizten kleinen Schubladen bewegte, als er sich Kopfschmerztabletten besorgte. Der

Buchhändler, der vor seinem Laden auf dem Bahnhofsplatz in der Abendsonne saß und seine Zeitung ausgebreitet hatte, ohne zu lesen. Die Fliegen an der Mauer
der alten kleinen Kirche über dem Seeufer, die aus viel-
farbigen Steinen zusammengesetzt war. Die ruhig dahin
streichende Waldhügelkette auf der anderen Seite des
Sees. Das scheunendunkle Bahnhofsrestaurant, in dem
er beinahe mit seinem lange verstorbenen Schulkameraden zusammengekommen wäre. Das rhythmische Poltern und Klopfen der endlosen, meist mit Fichtenstämmen beladenen Güterzüge, das die Stadt mit einem Mal
weit und fern, nach allen Seiten hin offen machte, für
die ein oder zwei Minuten, die es braucht, sich die
Gleichzeitigkeit all der Orte, die man jemals aufgesucht
hat, vor Augen zu führen.

In Sandvika war es so, dass sich die drei Bahnschranken im Stadtgebiet manchmal ganz umsonst herabsenkten, weil gar niemand unterwegs war, der den Bahndamm hätte überqueren wollen, wie auch sonst in dieser
entlegenen Stadt die Dinge ihren Lauf ganz von selbst zu
nehmen schienen, gleichgültig ob jemand daran Anteil
nahm oder nicht.

Jedenfalls, von Sandvika wegzugehen kam für Lennart schon nach kürzester Zeit nicht mehr in Betracht.
In Sandvika waren die Einzelheiten, aus denen sich sein
Leben jetzt zusammensetzte, versammelt. Hier herrschte
eine auch das Unscheinbarste einbegreifende Genauig-

keit. Hier war ein See, weit genug, um ein Leben lang
auf ihn hinauszuschauen. Die Hauptstadt, in der er fast
sein ganzes bisheriges Leben verbracht hatte, wurde ihm
schon nach wenigen Wochen ein verschwommener und
irgendwie zweifelhafter Ort, der für ihn kaum mehr
Bedeutung hatte als für die anderen Bewohner von
Sandvika.

Lennart liebte das Unterrichten im Grunde nicht,
schon weil er selbst kein guter Schüler gewesen war. Er
mochte weder den säuerlichen Geruch, den der Tafel-
schwamm ausdünstete, noch den Widerschein des fernen Tageslichts auf dem Linoleum der Flure, noch das
blecherne Klingeln der Schulglocke zum Stundenwech-
sel. Und doch konnte er sich keine andere Arbeit für
sich vorstellen. Die Gerüche der Malkreiden, der frisch
gespitzten Buntstifte und der Wasserfarben hatte er als
Kind schon geliebt, und er liebte sie noch immer, als
könne man mit diesen Farben die Welt, wie sie sich tagtäglich darstellte, einfach übermalen. Als Kind hatte er
beim Malen ganz im Zusammenklang der Farben aufgehen können. Er fühlte sich selbst vorkommen in den Farben, die er auf dem Papier verteilte, und stellte sich vor,
in seinen Bildern verschwinden zu können. Manchmal
hatte es ihm schon genügt, die Farben im Malkasten einfach nur anzusehen. In einem Aneinandergeraten von
Gelb und Grün und Blau konnte ihm damals für Momente eine Welt aufgehen, die so dicht und leuchtkräf-

tig und wichtig war, wie Welten seiner Überzeugung nach sein sollten.

Einmal, als er zehn oder elf Jahre alt gewesen war, hatte er sich auf der Straße in eine vorbeigehende Frau verliebt. Nur weil sie ein malkastenrotes Kleid anhatte, war er ihr nachgegangen, bis er sie in der Menschenmenge am Medborgarplatsen aus den Augen verloren hatte.

Wenn die Kinder sich im Kunstunterricht über ihre Zeichnungen beugten, konnte es momentelang so still sein im Klassenzimmer, dass man den Regen draußen in den Waldbäumen rauschen hörte, oder das alltagsgeschäftige Rattern eines Güterzugs, der sehr weit weg unter dunklen Wolken die Stadt durchquerte und Fichtenstämme an einen weit entfernten Ort beförderte, wahrscheinlich nach Göteborg, von wo aus sie in ferne Länder verschifft wurden.

Lennart ging dann langsam zwischen den Bankreihen auf und ab. Keines der Kinder blickte von seinem Blatt auf. Er stellte sich das Vibrieren eines Birkenblatts draußen vor, auf das ein Tropfen gefallen war. Krähen flogen durch die feine Regenschraffur, lautlos, als heckten sie etwas aus. In der Ferne glänzten Ziegeldächer, erstrahlte der Scheinwerfer eines Autos, spannte jemand einen leuchtend gelben Schirm auf. Die Erde im Schulgarten sog sich voll, verströmte einen würzigen Duft, und unten auf dem Asphalt des Hofes krochen lehmbraune

Nacktschnecken mit schwarzen Fühlern. Eine feine hell-graue Durchsichtigkeit erfüllte in solchen Augenblicken das Klassenzimmer, und Lennart meinte die Kinder in diesem zeitlosen Licht wachsen zu sehen: Sie wuchsen, während die weißen Blätter vor ihnen langsam und un-aufhaltsam farbig wurden. Gelassen und unbeirrbar, wie die Bäume draußen, wurden die Kinder größer; es war ein beachtliches Schauspiel, fand Lennart, geheimnis-voll, unbegreiflich und wohl auch ein wenig komisch.

*

Schon gleich nach seinem Einzug in die Wohnung, die nur ein paar Schritte von der Schule entfernt war, hatte Lennart sich angewöhnt, bis tief in die Nacht an dem mit einer Wachstuchdecke belegten Tisch am Küchenfenster zu sitzen. Mit einem bloßen Aufblicken von dem Blatt, das er gerade beschrieb, oder dem Buch, in dem er las, konnte er auf die bernsteinfarben beleuchtete Straße schauen, die das Walddunkel durchschnitt. Niemals regte sich etwas da draußen in den Abend- und Nacht-stunden; höchstens, dass einmal ein kurzzeitig auffri-schender Wind ein paar Blätter über den Asphalt fegte oder der Schatten einer Katze unter einer der Later-nen auftauchte. Für Momente konnte der Nachtwind die Pfützen im Lichtschein mit einer vibrierenden Mase-rung überziehen.

In Wahrheit war diese Waldstraße nur eine Schulzu-fahrt, kaum zweihundert Meter lang, der kurze Weg zu Lennarts Arbeitsstelle, befahren wohl bloß von den Lie-feranten der Schulküche, und an den Ausflugstagen von den Bussen, welche die Kinder am Morgen abholten.

So stellten sich die Verhältnisse am Tage dar. In Lennarts Nachtvorstellung aber verengte sich die Straße gleich hinter der Biegung zu einem Forstweg, der den Wanderer in immer größere Entlegenheiten hineinzog, und schließlich kam er am Saum eines fernen Waldes wieder zum Vorschein, an einer Landstraße im Spessart oder in Karelien, oder irgendwo an der unteren Moldau, zwischen Frymburk und Horní Plána.

Tagsüber herrschte ringsum eine große Klarheit und Zuverlässigkeit. Die Stadtpläne und Wanderkarten hör-ten von morgens bis abends nicht auf, gültig zu sein. Die Welt, die sie abbildeten, kannte kein Ungefähr und nicht die kleinste Schwankung. Die Augen, die auf sie gerich-tet waren, blickten unverwandt. Erst die Dämmerung entkräftete das Kartenmaterial. Jetzt verwirrten sich die Wege oder wurden unbestimmt, oder sie zögerten wei-terzugehen. Sie bildeten die Gehirnwindungen desje-nigen nach, der sich auf sie einließ, oder sie stahlen sich davon in Landschaften, die bislang eine weglose Un-durchdringlichkeit gewesen waren.

Für den Radiowetterbericht füllte sich Lennart jedes Mal noch einmal das Weinglas. Er setzte sich ganz gerade hin. Früher, als er noch in Stockholm wohnte, war es ihm nie aufgefallen, in welchem epischen, verhalten feierlichen Ton der Abendwetterbericht im staatlichen Radio verlesen wurde. Beim Zuhören kam es ihm immer so vor, als ob die dunkle Nacht da draußen sich in einen Stoff verwandelte, der sich riechen, schmecken, betasten ließ, und zugleich war ihm, als ob er an vielen weit voneinander entfernten Plätzen gleichzeitig wäre: als sei diese unbeirrbare Beschwörung von Windgeschwindigkeiten, von aufziehenden Regengebieten, von Temperatur- und Luftschwankungen eine Zauberformel.

Im kühlen Licht der meteorologischen Begriffe und Zahlen, die mit niemals angefochtener Genauigkeit in dieser Verlautbarung zum Vortrag kamen, schienen Lennart Ebenen, Seen und Gebirgszüge auf, die Tundren des Nordens und die windigen Meeresräume, die schwach beleuchteten Stadtränder, der neonhelle Waschsalon an der Ausfallstraße, der Bahndamm und die Sportanlage, der Wasserturm im Wald, die Tankstelle und die Gärten mit den leeren Kaninchenställen, der viel zu weite Bahnhofsplatz, der Brunnen mit dem erstarrten Tanzpaar, die leise summenden Strommasten, die in der Waldschneise aus dem Himbeergestrüpp aufstiegen, und schließlich die Fische draußen im See: ob sie wohl stillstanden in der Dunkelheit?

Sobald der Sprecher aber verstummte und die Erkennungsmelodie des nachfolgenden Programms ertönte, wurde all das wieder zusammengefaltet und versank in der Finsternis, und nur ein Lichtpunkt im Irgendwo konnte sich behaupten: Lennarts Küchenfenster oben im zweiten Stock, hinter dem ein später Spaziergänger oder ein durchs Unterholz streifender Luchs seine stille Silhouette hätte ausmachen können.

*

Ein wenig an die kargen äußersten Schären draußen vor den Küsten erinnernd, ragten hier und da kleine felsige Hügel aus der ansonsten planen Ackerfläche östlich des Sees, bestanden mit ein paar Glasbirken oder knorrigen Kiefern, zwischen den Stämmen das aus der Ferne unwirklich leuchtende Heidekraut. In den Buckelwiesen ringsum Wollgras, roter Klee, dazwischen kleine weiße Blumen, kaum größer als Hemdknöpfe.

Mitunter sah Lennart auf den langen Wanderungen, die er in seinem ersten Herbst an den freien Nachmittagen in der Landschaft um Sandvika unternahm, am Horizont den Turm einer der mittelalterlichen Kirchen, die oft am Rand oder sogar weit außerhalb der Dörfer zwischen Weizenfeldern oder Kuhweiden irgendwo an der Landstraße standen. Die Wände im Inneren dieser nur aus groben Natursteinen zusammengebauten oder schlicht verputzten Kirchen waren, wie bei der einen der beiden Kirchen von Sandvika, über und über bedeckt

34

mit leuchtenden Kalkmalereien aus dem Mittelalter, die neben den überall bekannten biblischen Motiven: der Schöpfung, dem ackernden Adam, der Tötung Kains, dem in seiner Trunkenheit entblößten Noah, den Heiligen Drei Königen, dem Kindermord von Bethlehem, der Kreuzigung des Heilands, auch die seltsamsten Szenerien zeigen: mit Schweinen etwa, die Turniere ausfechten, in Posaunen blasen oder mit hingebungsvollem Ausdruck Orgel spielen, einem grinsenden Teufel mit Klauen und einem zweiten Gesicht am Hintern, der einen Dudelsack spielt, einem zierlichen weißen Einhorn, das sich zärtlich in den Schoß einer Jungfrau schmiegt, und mit Drachen, deren Hälse kunstvoll ineinander verschlungen sind, oder mit sonderbaren Mischwesen, in denen die Kennzeichen von Kamelen, Elefanten, Löwen und Greifen durcheinandergehen.

Verstreut in der im Sommer gelbgrünen, gegen den Herbst zu sich allmählich in Gelb- und Grautöne verlierenden Landschaft fanden sich einsame rotbraun gestrichene Gehöfte, um die herum Pferde, Kühe und gelegentlich auch Schafe weideten. Durch die Wiesen und die weiten Getreidefelder wanden sich schmale lehmrote oder schwarze Wasserläufe, bisweilen zwischen steilen, mit Gestrüpp oder Haselbüschen bewachsenen Böschungen ins Gelände versenkt, so dass sie aus der Ferne kaum auszumachen waren; anderswo waren sie wieder von weiten Schilfgürteln gesäumt, über denen die grauen

Wildgänse und manchmal auch ein einzelner Reiher ihre Kreise zogen.

Im Frühling, wenn erst einmal das Eis gebrochen war, würden die dem See entgegenströmenden Bäche zu reißenden lehmigen Flüssen anschwellen und über ihre Ufer steigen. In den Sommermonaten aber hatten sie sich zu stehenden finsteren Wassern vermindert, in denen sich die majestätisch darüber hinwegschwebenden Libellen spiegelten. Hier und da waren Seerosen zu sehen, und die stille Oberfläche der Flüsse, auf der sich die Sommerwolken abbildeten, wurde höchstens einmal einen Lidschlag lang durch einen Wasserläufer in eine punktförmige Unruhe versetzt.

An den fernen Waldsäumen sah Lennart oft das Rotwild in kleineren Gruppen äsen, ein Anblick, von dem eine große Stille und Begütigung auszugehen schien, und hin und wieder sah er auch ein Reh in hohen, federnden Sprüngen, die ausgelassen sein konnten oder auch gehetzt, über die Furchen eines Ackers setzen und im Walddunkel verschwinden. Lennart stand dann noch eine Weile da, lauschte, wie die Bewegung des Tiers in ihm nachzitterte, und ging dann weiter, meist in einer anderen Richtung. In einem von Elsalills Gedichten war ein solches lautloses Reh vorgekommen.

Die Wälder der Gegend um Sandvika, die aus dem Zugfenster betrachtet als einförmige anthrazitfarbene Streifen durch das Sommergrün dahingingen, erwiesen sich, wenn man erst einmal tiefer in sie eingedrungen war, als eine überraschend vielfältige und lichte, wenn auch die meiste Zeit fast lautlose Welt, in der die verschiedensten Farne, Kräuter, Beeren und Blumen vorkamen, die Lennart gar nicht mit Namen zu nennen wusste, vor allem auf den Lichtungen, in denen oft Granitblöcke aus dem Gestrüpp aus Beeren und Disteln und aus den geheimnisvoll in der Windstille vibrierenden hohen Gräsern herausragten, oder auch weiter drinnen in den rötlichen Moorstreifen, die sich schimmernd und irgendwie verlockend durch die Blätterdämmerung zogen.

Auch auf riesige Ameisenhügel stieß Lennart nach einiger Zeit; in dem Nadelwald gegen Kvarnbo zu reihte sich geradezu einer an den anderen, so dass der mit schwankenden Lichtflecken gesprenkelte braune Waldboden wie mit mächtigen Beulen übersät aussah. Seit vielen Jahren vermodernde Baumstämme, um die sich Schlingpflanzen wanden und auf denen Schwämme gediehen, gab es in dieser Gegend in großer Zahl, und mit grauen und gelblichen Flechten und flaschengrünen Moosen überwachsene helle Felsrücken, in deren Spalten Blaubeergesträuch oder Heidekraut wucherte.

Ende August, als sich schon herbstlich gelbweiße Wolken über den dunklen Fichtenwipfeln zu türmen anfingen und die Mücken verschwunden waren, schossen auf einmal ungezählte Pilze aus dem feuchten Nadelboden, aus dem Gras der Lichtungen und selbst aus dem Lehm der Wege, und mancherorts leuchteten Lennart zwischen den weißen Birkenstämmen pizzatellergroße Fliegenpilze entgegen.

Eines Nachmittags begegnete Lennart in dem Wald bei der Schule seinem Kollegen Grasberg, der mit Cato, seinem schmutziggrauen Pudel, spazieren ging. Grasberg war ein hagerer, beinahe zwei Meter hoher Mensch mit einem länglichen Gesicht, in dem die mächtigen schwarzen Bögen der Brauen auffälliger waren als die traurigen grünen Äuglein darunter.

Die beste Stelle in der ganzen Gegend ist der Grabhügel, sagte Grasberg. Ich zeige ihn dir.

Der Grabhügel bildete den höchsten Punkt einer weit gestreckten, sanften Erhebung, die an drei Seiten von Äckern umgeben war, während sie zur Stadt hin an jenes Waldstück grenzte, das bis an die Schule reichte und dessen letzter Ausläufer sich vor Lennarts Fenstern erstreckte. An einigen Stellen wuchsen Birken, an den Rändern der Erhebung standen vereinzelt ein paar uralte düstere Kiefern, deren schwarzgrünes Nadelwerk sich im Wind schüttelte. Um ihre Stämme sah Lennart aus der Ferne den rötlichblauen Schimmer von Heidekraut; ansonsten gedieh zwischen den hellgrauen Steinrücken und den über das ganze Gelände verstreuten Felsbrocken nichts als saures Gras und krüppliges, kaum hüfthohes Nadelgehölz, das dem Platz etwas Hochgebirgiges verlieh. An manchen Stellen wuchsen auch Blumen mit

kleinen weißen Blüten, von denen Lennart etwas Kärg-
lich-Genügsames auszugehen schien.

Von fern zeichnete sich der Hügel als eine nahezu vollkommene gräserne Halbkugel vor dem hellen Wolken-
himmel ab; als sie dort oben angekommen waren, wies
er jedoch viele Dellen und Unebenheiten auf. Das Gras
war an manchen Stellen schütter und zertreten, so dass
die braune lehmige Erde hervorsah.

Wenn man genau hinsieht, sagte Grasberg, als sie
oben auf dem Hügel standen, fügen sich diese wie von
Riesen über die Wiesen gestreuten Felsbrocken hier und
da auf einmal zu einer von Menschenhand gestalte-
ten Ordnung, und es erscheinen Linien und Einhegun-
gen. Siehst du? Der Hügel, erklärte Grasberg weiter, sei
nämlich nur der markante Mittelpunkt einer zum großen Teil längst verwitterten und verschütteten vorge-
schichtlichen Ansiedlung. In der näheren und weiteren
Umgebung habe man zahlreiche Haufen zersplitter-
ten Gesteins gefunden, wie es entstehe, wenn Stein großer Hitze ausgesetzt wird, etwa an Feuerstellen zum
Schmelzen von Bronze. Eingemengt in diese Splitter
seien Tonscherben, Tierknochen, Zähne, Überreste von
steinernen Gerätschaften gewesen. Und in manchen von
diesen Steinsplitterhaufen habe man zuinnerst ver-
brannte Menschenknochen entdeckt.

Die gesamte Grundfläche des Hügels werde von einer
Schicht aus Ruß und Kohle gebildet, führte Grasberg,

der in eine für ihn ganz ungewohnte Erregung geraten war, weiter aus: Man entzündete also zunächst ein riesiges Feuer an der Stelle, wo anschließend der Hügel aufgeworfen wurde. Über diese Schicht sind Steine gelegt, die eine ebene Unterlage für eine wohl aus Eichenstämmen gezimmerte, fünf bis zehn Meter hohe Grabkammer abgeben. Womit man diese Kammer angefüllt hat, um dem Bestatteten das andere Leben angenehm zu machen, lässt sich nicht mehr feststellen. Nur mehr hölzerne Reste lassen überhaupt auf eine solche Grabkammer schließen; in einem vergleichbaren bronzezeitlichen Grabhügel in Dänemark war die Kammer wie ein Haus mit Dachbalken und einer richtigen verschließbaren Tür gebaut. Auf dem Boden dieser Grabkammer lag als Sarg ein etwa zweieinhalb Meter langer ausgehöhlter Eichenstamm, der freilich längst zerfallen war, als die Forscher sich zum ersten Mal auf den Grund des Hügels hinuntergegraben hatten. Zwischen den Überbleibseln fanden sich die verbrannten Knochenreste des Bestatteten, einer zierlich gebauten, wohl noch recht jungen Frau. Man hat die Beigaben nicht verbrannt, doch haben sich nur Gegenstände aus Edelmetall erhalten, darunter je zwei Messer und Pinzetten, ein Gehänge aus Bronze und kunstvoll gearbeitete Spiralen aus Gold.

Zwischen den Steinen, den Grassoden und dem Erdreich hat man in den verschiedenen Schichten des Hügels zahlreiche Knochen von Rindern und Schweinen wie auch eine Anzahl Köpfe und Beine von Schafen gefunden; außerdem erwies sich der Hügel in all seinen Schichten als durchsetzt von den Überresten von Hunden, Gänsen, Eichhörnchen, Pferden und wohl auch anderen Tieren, die sich nicht mehr zweifelsfrei bestimmen lassen. Manche Kleintiere werden sich in den Hügel hineingewühlt haben und darin umgekommen sein. Aber auch die Knochen von drei weiteren Menschen außer der Bestatteten haben sich nachweisen lassen. Drei Männer meinten die Forscher unterscheiden zu können. Es wird sich bei diesen Knochen also schwerlich bloß um die Reste des Proviants derer handeln, die den Hügel in mühsamer Arbeit haben aufrichten müssen. Eher wird der Bau des Monuments, der sich über viele Monate hingezogen haben kann, von Ritualen und Opferhandlungen begleitet gewesen sein, zu denen womöglich auch das Herausmeißeln und Glattschleifen der Schalengruben und das Aufschichten der Steinhaufen ringsumher gehörte, und vielleicht sollte das Erdgewölbe, das die Verstorbene umfing, mit all dem darin eingebauten Getier ein Abbild der belebten Welt darstellen.

Woher weißt du denn das alles?, fragte Lennart und sah neugierig hinauf zu dem Gesicht Grasbergs, in dem die Augen jetzt etwas größer wirkten als sonst.

Vor ein paar Jahren hat man hier eine große Ausgrabung gemacht. Ich war dabei. Meine erste Begegnung mit Sandvika.

Und es ist also eine Frau in diesem Hügel bestattet worden?

Ja, soweit sich das feststellen lässt. Warum fragst du?

In diesem Augenblick begann es zu regnen, große kalte Tropfen fielen aus den Wolken, die hoch und hell waren und gar nicht regenträchtig aussahen. Lennart, Grasberg und Cato stiegen von dem Hügel herab und gingen zwischen den Felsbrocken durch das Gras, in dem die Regentropfen im Sonnenlicht glitzerten. Als sie den Waldsaum erreicht hatten, sah Lennart im Zurückschauen den Grabhügel sich hell leuchtend hinter dem Regenvorhang abzeichnen.

*

Und dann gab es da Elisabeth, die ihm schon ein paar Tage nach seinem Umzug nach Sandvika aufgefallen war. Sie arbeitete in der Stadtbibliothek, einem wohl erst vor kurzer Zeit errichteten Flachbau mit großen Fensterflächen inmitten der Uferanlagen. Die ganze Zeit saß Elisabeth gerade aufgerichtet hinter dem Ausleihtresen und vollführte mit kleinen Händen, die dabei gar nichts Graziles oder Zartes hatten, ihre immergleichen Arbeitsbewegungen, verbuchte Ausleihen oder stellte zurückgegebene Bücher auf einen Wagen neben sich.

Bei seinem ersten Besuch in der Bibliothek schaute Lennart beinahe zwei Stunden lang durch ein Regal hindurch immer wieder zu ihr hinüber, in der Hoffnung, sie werde sich endlich einmal erheben, hinter dem Tresen hervorkommen und vollständige Gestalt gewinnen. Er hoffte, sie möge kleine Füße haben; Lennart mochte es, wenn Frauen kleine Füße hatten. Aber die junge Bibliothekarin mit den braunen, schulterlangen Haaren blieb geduldig immer an ihrem Arbeitsplatz sitzen an diesem Donnerstagnachmittag.

Als Lennart dann am Ufer entlang nach Hause ging, fiel ein kühler Staubregen, die Enten hatten ihr Gefieder aufgeplustert und saßen bewegungslos im Gras. Im Zurückblicken sah er die neonhell erleuchteten Fenster im Regendämmer zwischen den Bäumen. Die Hügelkette auf der anderen Seite des Sees war ausgelöscht. Die Wasseroberfläche hatte die Farbe frischen Asphalts angenommen. Immer nur so kurz wie ein Wimpernschlag leuchteten da draußen die Schaumkronen auf, und stets an anderen, unvorhersehbaren Stellen, wie Sehstörungen. Mit einem leisen Klatschen rollten die Wellen über die Schottersteine ans Ufer. Einzelne Windstöße rauften den Birken Blätter aus und wehten sie weit auf das Wasser hinaus.

Es kam Lennart jetzt so vor, als sei es die fast unbegreifliche, madonnenhafte Reglosigkeit der jungen Frau im Neonlicht gewesen, die ihn am meisten berührt hatte. Eine große Stetigkeit war von ihr ausgegangen, als sei ihr Sitzen am Tresen ein Jahrhundertwerk. In der folgenden Nacht träumte Lennart in seinem beinahe noch leeren Schlafzimmer, der Leib der jungen Bibliothekarin laufe unten in einem schuppigen, metallisch schimmernden Fischschwanz aus, der sich aber ganz warm und wie Seide anfühlte.

Aber schon am darauf folgenden Tag wagte er es, Elisabeth anzusprechen und sie nach Kunstbildbänden zu fragen.

Sie sind sicher der neue Kunstlehrer am Gymnasium, sagte Elisabeth.

Man könnte meinen, in Sandvika ist der Kunstlehrer der wichtigste Mann nach dem Bürgermeister und dem Pfarrer. Lennart lachte.

Wir haben einen kleinen Nebenraum für die Bildbände. Sehen Sie, da vorne neben der Garderobe.

Und schon am Nachmittag des darauf folgenden Samstags war es soweit, dass Elisabeth mit Lennart spazieren ging, auf Beinen, die ihm wunderschön vorkamen. Lennart in seinem flaschengrünen Anzug, sie in einem blauen Strickkleid, über dem sie eine Regenjacke trug. So wanderten sie ein wenig zu schnell durch die trotz des verhangenen Himmels recht bevölkerten Uferanlagen, in denen die Hummeln über den schon verblühten Blumenrabatten kreisten, und dann unter Birken, Erlen und Weiden immer weiter am See entlang, bis über die Stadtgrenze hinaus, wo außer ihnen niemand mehr unterwegs war, und hohes, wirres Gestrüpp, durchsetzt mit blauroten und gelben Blüten, den Zugang zum Wasser versperrte.

Lennart fiel auf, dass Elisabeth oft lange überlegte und dann Sätze sprach, die sich wie abgelesen oder auswendig gelernt anhörten. Vielleicht, dachte Lennart, tat sie das nur ihm gegenüber, der aus der Hauptstadt kam.

Auf der anderen Seite des Sees zog sich die bewaldete Hügelkette hin, mit einer ganz schütteren Stelle oben am Kamm, wo nur gelbgraues Gras zwischen flachen Granitrücken zu stehen schien. Elisabeth erzählte, dass der ferne Blick, den man von dort über die Stadt werfen könnte, ihr das Gefühl für den Geburtsort für immer verrückt hätte.

Obwohl ich mir nicht vorstellen könnte, irgendwo anders zu wohnen, fühle ich mich hier auch nicht mehr richtig heimisch, seit ich einmal an einem klaren Wintertag, so ganz ohne Schnee, dort oben stand und nur ein heller Fleck ohne Kontur schimmerte, wo ich meine Stadt vermutete.

Lennart nickte. Er kannte das, dass Plätze für immer ihre Selbstverständlichkeit verloren, von einem Tag auf den anderen unkenntlich wurden. Oftmals einfach so, nur weil man sie einmal wirklich angesehen hatte. Er wusste, dass man sich heillos verlaufen konnte in einer Gegend, über die man gerade noch mit der Gewissheit des Schlafwandlers verfügt hatte. Aus der sich nun alle Ziele verflüchtigt hatten. Dass aber auch nie zuvor gesehene Plätze auf den ersten Blick etwas gespenstisch Anheimelndes haben konnten. Lennart sagte:

Man weiß eigentlich nie, wo man gerade ist.

Ich dachte immer, ich wüsste es. Zu Hause, sagte sie.

Nicht mehr heimisch zu sein, das kann auch lustvoll
sein.

Vielleicht eine Zeitlang.

Danach sprachen sie eine Weile nichts mehr. So gingen sie nebeneinander her, bis Lennart das Verlangen bekam, Elisabeths Gesicht von vorne zu sehen. Vielleicht
wegen der kleinen Nase und dem schmalen Mund wirkte
es eigenartig groß und ein wenig fremdländisch, dieses
Gesicht, in dem noch Platz gewesen wäre zumindest für
ein weiteres Augenpaar. Doch Lennart gefiel dieses Gesicht. Ja, es gefiel ihm, er glaubte fest daran. Ein solches
Gesicht wollte er am liebsten immer um sich haben, und
das sagte er Elisabeth auch irgendwann später am Abend,
in einem Restaurant am See, wo sie Forellen aßen und
die Möwen draußen in der Dunkelheit kreischen hörten
und immer mehr Weißwein bestellten. Am Ende dieses
Abends waren sie beide ein wenig betrunken. Auf dem
weiten Weg zu Lennarts Wohnung schwenkte Elisabeth
ihre Handtasche die ganze Zeit wie ein ausgelassenes
Kind, mit stummem Eigensinn, und dann im Treppenhaus verlor sie ihren Schuh, so dass er eine ganze Stiege
hinunterkullerte.

Am nächsten Morgen war Lennart trotz allem erleichtert, als die Wohnungstür hinter Elisabeth leise ins Schloss fiel. Er lauschte, wie ihre Schritte im Treppenhaus leiser wurden. Warum hatte ihn eine eigenartige unstimmige Empfindung durchrieselt, die am ehesten Mitleid war, als er im Morgengrauen aufwachte, draußen eine Amsel hörte und sah, wie sich Elisabeths Strickkleid und ihre Unterwäsche über der Stuhllehne abzeichneten?

Lennart hätte Elisabeth jetzt nicht mehr um sich haben wollen: Er wollte sich an sie erinnern, sich alle Einzelheiten zusammensuchen, den Geruch ihrer Haare und ihre vor Zärtlichkeit zu schmalen Schlitzen zusammengekniffenen Augen bedenken, und diese kleinen schmalen Füße. Keine Wolke stand am Himmel an diesem Sonntagvormittag, und es kam ihm beinahe ebenso heiß vor wie an dem Tag seines Bewerbungsgesprächs. Eine Zeitlang wanderte er zwischen den Umzugskisten umher – noch fehlte die Hälfte seiner Möbel –, trank den vom Frühstück noch übrig gebliebenen Kaffee und rauchte trotz seiner Kopfschmerzen eine Zigarette nach der anderen.

Er dachte an die Zeit nach Berits Auszug aus seinem Leben vor anderthalb Jahren. In den Wochen danach hatte er jeden Morgen vom Küchenfenster aus die Garagentore im Hof gezählt, als hinge von deren Vollzähligkeit alles ab. Er hatte einen Ausschlag bekommen, der ihn nachts nicht schlafen ließ. Ging in der Wohnung eine Glühbirne kaputt, konnte er sich nicht aufraffen, sie auszuwechseln. Im Traum sah er einmal Berit, in ein weißes Krankenhausnachthemd gekleidet, leblos in einem Becken im Vanadisbad treiben. Im Flur stapelten sich die Nummern von *Dagens Nyheter*: Allen Ernstes hatte er geglaubt, er werde sie eines Tages doch noch lesen.

Er hatte nichts in der Wohnung verändert, sich nicht in Berits Zimmer hinein ausgebreitet, aus einem Schrecken vor der Endgültigkeit heraus. Es dauerte mehrere Wochen, bis ihr Geruch in dem Zimmer nicht mehr wahrnehmbar war. Abgesehen von der alten Kommode, die sie nicht mitgenommen hatte, stand das Zimmer leer bis zu seinem Umzug nach Sandvika. Deutlich sah Lennart die hellen Vierecke an der Wand, wo ihre Bilder gehangen hatten, das kleinere ein Obststillleben, von Berits lispelnder Schwester gemalt, das größere ein gerahmtes Plakat von einer Edvard-Munch-Ausstellung: ein nächtlicher, tief verschneiter Wald mit riesigen kranken Sternen darüber.

In Stockholm riss man damals mit Getöse die Straßen auf, asphaltierte sie aber auch gleich wieder zu, so als wolle man sich nur vergewissern, was sich unter dem Belag verbarg. Ein Sturm wirbelte ein Zirkuszelt durch die Luft. Ein bekannter Sportjournalist zerstückelte seine Lebensgefährtin und vergrub sie in mehreren Müllsäcken im Wald. Eine nicht minder bekannte Fernsehschauspielerin sprang aus dem Fenster ihres Luxusappartements, ohne Vorankündigung, ohne Abschiedsbrief: Es war, als sei sie einer plötzlichen Laune gefolgt. Und am zweiten Weihnachtsfeiertag war die Leiche eines ehemaligen Englischlehrers von Lennart in der Barnhusbucht angetrieben worden. Vielleicht war es das Wetter, das die Menschen immer verzweifelter und zugleich unberechenbarer machte, war es Lennart in diesen Tagen mehr als einmal durch den Kopf gegangen, hatten der Winter und das Frühjahr doch in einer einzigen Abfolge von Temperaturstürzen und unzeitigen Wärmeeinbrüchen bestanden.

An einem kalten nebligen Märzabend sah Lennart am Sveavägen einen Mann aus dem Bus steigen und auf die Fahrbahn laufen, wo er im selben Moment von einem Auto erfasst wurde. Er flog etwa fünf oder sechs Meter durch die Luft, wie eine Figur im Zeichentrickfilm. Nach dem Aufprall mitten auf der Fahrbahn stand der Mann gleich wieder auf, strich sich verlegen durchs Haar und machte noch zwei oder drei entschlossene Schritte auf dem Asphalt, bevor er leblos zusammenbrach.

*

Lennart trat auf den Balkon hinaus. Der Steinboden war mit rosa Blütenblättern übersät, die vom Blumenkasten eines Nachbarbalkons herübergeweht sein mussten. Sie hatten bereits braune, eingerollte Ränder. Unter Lennarts Sohlen raschelten und knisterten sie wie trockenes Laub. Manche waren auch schon schwarz, glichen Nachtfalterflügeln. Wenn alle Blätter diese Schwärze erreicht haben, werden sie auffliegen, ging es Lennart durch den Kopf, ganz ohne Luftzug, als ein nervöser Schwarm werden sie aufsteigen in die Himmelsbläue, um sich dann wieder herabzusenken und endlich zu verschwinden im Dunkel zwischen den Birkenstämmen.

Eine Weile stand Lennart da und vermied es, das glühheiße Eisengeländer zu berühren, während er in den vom Haus nur durch einen schmalen Gestrüppstreifen getrennten Wald schaute. Er spürte, wie ihm in der Mittagssonne der Schweiß ausbrach, zuerst auf der Stirn, dann auf der Brust, so dass das Hemd dort festklebte. Einen Augenblick lang genoss er es, einen Körper zu besitzen, der in angemessener Weise auf die Verhältnisse der Welt reagierte, in die er hineingestellt worden war.

Nicht nur die Zweige der Fichten mit ihren herabhängenden grünen Haaren und die der Tannen mit ihren flachzeiligen glänzenden Nadeln, auch die an vielen Stellen in das Gehölz eingewobenen Birken mit ihren so leicht ins Schaudern geratenden, hier und da schon gelblichen Blättern standen vollkommen reglos. Die einzig sichtbare Bewegung ging von einem Insekt aus, das als einsamer Lichtpunkt von Stamm zu Stamm vor der Waldschwärze vorbeischwebte.

Später legte sich Lennart auf das Sofa im Wohnzimmer und ließ bis zum Einschlafen alles um ihn her ruhig geschehen: das Geschrei einer kleinen Kinderschar, das sich draußen im Wald langsam auflöste; das Anspringen des Kühlschranks drüben in der Küche, das die Flaschen darin mit einem leisen Klirren erzittern ließ; eine im Zimmer kreisende Fliege, die von Zeit zu Zeit in dem allmählich schmaler werdenden Sonnenstreifen aufblinkte. In den Bildern des Halbschlafs, die sich allmählich zu ihm gesellten, wurde die Landschaft unbestimmt und angenehm ziellos.

Im Traum war er dann einen Moment lang der Wald draußen vor den Fenstern. Ein Reh glitt lautlos durch die Dämmerung des Unterholzes. Ein Windstoß erzeugte ein Rieseln in den Birken. Er empfand, wie Wege in ihm verliefen, die sich kreuzten und auf sonnigen Lichtungen inmitten von Brombeergerank ihre Richtung änderten. Kleine Vögel saßen reglos in den Zweigen. Ein Bach strömte wie flüssiges Glas lautlos zwischen farnartigen blaugrünen Krautpflanzen dahin. Dass die Spätsommersonne überall aus dem Moos und dem Nadelboden die letzte Feuchtigkeit sog, teilte sich ihm als ein leises, erregendes Kitzeln mit.

*

Ein halbes Jahr später, gegen Ende des Winters, verbrachten Lennart und Elisabeth ein Wochenende im Landhaus ihres Bruders, einer rot gestrichenen hölzernen Villa mit weißen Fensterrahmen, die in der ersten Hälfte des 19. Jahrhunderts erbaut worden war. Emil hatte es erst kurz zuvor gekauft, für wenig Geld, und noch nicht die Zeit gefunden, es herzurichten. So war das Haus noch immer vollgestellt mit all den Dingen, die die verstorbene Vorbesitzerin darin zurückgelassen hatte, den Möbeln, dem Küchengeschirr, den Gardinen, den Lampen und den Teppichen.

Lennart dachte später oft an diese zwei Tage zurück. Mitten im Leben, ja selbst während einer Unterrichtsstunde, konnte ihm die Villa erscheinen in einer Deutlichkeit, als sei er noch am Vortag dort gewesen oder als habe er in ihr seine ganze Kindheit verbracht, inmitten der von einer dürftigen Vorfrühlingssonne beschienenen Wälder, im Vordergrund die sumpfige, von Birken gesäumte Auffahrt, die Pfützen mit einer Eishaut dünn wie Spinnweben behaucht. Als wolle sie ihn zur Rückkehr ermahnen, blickte ihn die Villa oft an, ein roter leuchtender Punkt in einer steingrauen Baumwüste.

Emil hatte Lennart und Elisabeth am Freitagnachmittag nach der Schule in seinem alten braunen Mercedes hinausgefahren. Lennart saß hinten neben Johanna und Klarissa, den beiden kleinen Mädchen Emils, die darauf bestanden hatten, zu dem verwunschenen Haus mitgenommen zu werden. Auf der Fahrt konnte Emil mit einem Herumreißen des Steuers gerade noch einem Reh ausweichen. In einem weiten Satz war es aus der Waldschwärze auf die Straße gesprungen und schaute mit totenhafter Ruhe auf das Auto, das auf es zuraste. Durch den Innenspiegel konnte Lennart dann sehen, wie das Tier hinter ihnen immer noch reglos auf der waldfeuchten Fahrbahn stand, auf der ein blasser, hoher Himmel widerschien. Den Kopf hatte es ein wenig angehoben, als horche es auf einen fernen Klang.

Emil parkte den Wagen auf dem grau gefrorenen Rasen vor dem Haus. Johanna und Klarissa stürzten hinaus und stoben kreischend die baufällige Treppe hinauf. Sie klopften an die Scheiben und versuchten hindurchzuschauen, als wäre da jemand, den man aus dem verlassenen Haus herauslösen und hervorlocken könnte. Nach ein paar Minuten wurden die Mädchen stiller und ihre Bewegungen langsam. Es war kalt und feucht hier draußen in den Wäldern, und man hörte keinen Laut.

Klarissa setzte sich auf die Treppe, zog sich die Mütze bis zu den Augenbrauen herunter und begann, leise in sich hineinzuweinen. Ihr leuchtend roter Anorak ließ Lennart an die dienstbaren Geister aus den Sagen denken, denen oft ein rotes Röcklein geschneidert wurde. Auf geheimnisvolle Weise traten sie in das Leben eines Menschen ein, hielten sich eine Zeitlang darin auf und verschwanden dann wieder, vielleicht nur durch ein falsches Wort, eine unwillige Geste, einen unlauteren Gedanken verscheucht, auf ebenso unbegreifliche Weise, wie sie erschienen waren.

Hoch über dem Giebel des Hauses war wie ein schwacher Abdruck die Mondsichel zu sehen. Die weißen Birkenstämme längs der Auffahrt zeigten einen nassen Schimmer. Über der Wiese lag ein graublaues Dunstgespinst. Emil, in einem seltsamen, grauschwarz gewürfelten, fast bis zu den Knöcheln herabreichenden Mantel, erklärte Elisabeth und Lennart mit ausladenden Armbewegungen, wo der Abtritt zu finden war, wo das Brennholz, wo der Schalter für die beiden Laternen, mit denen man die Auffahrt erleuchten konnte.

Lennart stand daneben und konnte Emils Erläuterungen nur mit Mühe folgen. Ihn fror an den Füßen, Klarissas beharrliches In-sich-Hineinweinen quälte ihn, und die nach allen Seiten sich ausdehnende Walddunkelheit war ihm, der doch damals schon nachmittagelang durch menschenleere Forste streifen konnte, nichts als unheimlich. Er empfand auch ein dumpfes Entsetzen über die Beiläufigkeit des Mondes da oben über dem Hausgiebel, der gar nichts von einem treuen Begleiter hatte, sondern wie überzählig dastand und zur Erhellung der Welt nichts beitrug.

Emil zog eine Schraube am Türschloss fest, Elisabeth hatte Klarissa, ihren Schatz, auf den Arm genommen. Die dunkelblonden Strähnen, die unter Klarissas Strickmütze hervorsahen, glichen denen Elisabeths, obwohl Elisabeths Haar ein wenig ins Rötliche spielte. Wange an Wange sahen sich die beiden überhaupt ähnlich. Ohne sich anzusehen, lächelten sie gleichzeitig und hörten auch im selben Moment wieder auf. Lennart fiel ein, dass er in der Nacht zuvor geträumt hatte, wie er als kleiner Junge versuchte, einen anderen Jungen, der gleichzeitig auch er selbst war, aus einem Park zu verjagen. Als er aus dem Traum aufschreckte, war das Bett neben ihm leer gewesen: Elisabeth stand am Fenster und trank aus einem Wasserglas.

Elisabeth lehnte den Kopf gegen seine Schulter, als sie dem Mercedes nachschauten. Hinter der Heckscheibe schimmerten noch einen Moment lang die winkenden Kinderhände. Auf und ab schaukelnd kämpfte sich der Wagen die einem schmalen Ackerstreifen ähnelnde Auffahrt hinauf. Nach dem Abbiegen warf er einen nebelweißen Lichtkegel auf die Landstraße, der in regelmäßigen Abständen von den Baumstämmen durchbrochen wurde.

Es macht mir manchmal Angst, wie empfindlich dieses Kind ist, sagte Elisabeth. Als sei es gar nicht von dieser Welt.

Lennart zögerte einen Augenblick, nahm dann die Taschen und stieg die Stufen zur Eingangstür hinauf.

Er erinnerte sich später, wie rasch die Beklemmung von ihm wich, als sie das alte Haus inspizierten. In dem

Schlafzimmer im Obergeschoss standen außer dem Bett, in dem die frühere Besitzerin wahrscheinlich gestorben war, nur noch ein Nachttisch und ein schmaler Kleiderschrank mit einem Spiegel an der Tür. Darin erschien das Bild des inzwischen viel deutlicher gewordenen Sichelmondes, als Lennart den Schrank öffnete. Er war leer geräumt bis auf einen altertümlichen schwarzen Damenhut mit einer Feder, der auf dem Boden offenbar übersehen worden war. Elisabeth drehte ihn einen Augenblick in den Händen und schien zu überlegen, ob sie ihn aufsetzen solle, ließ es dann aber bleiben. Sie legte ihn zurück und drückte den Schalter der Nachttischlampe, und zu ihrer beider Überraschung ergoss sich ein warmer rosenfarbener Schein über das schneeweiß bezogene Bett.

Lange standen sie dann am Fenster und schauten hinunter auf die Auffahrt. Elisabeth hatte vor dem Hineingehen die Laternen abgeschaltet. Es war inzwischen fast dunkel, nur gegen Süden zeichneten sich die Fichtenwipfel noch vor einem gelblichen Himmel ab, und die überfrorenen Pfützen warfen einen letzten Tagesschimmer zurück. Der Holzschuppen links und der Abtritt rechts vor dem Zaun bildeten nur mehr schwach umrissene Vertiefungen in der Dämmerung. Der Verlauf der selbst tagsüber nur schwach befahrenen Landstraße war von hier kaum zu erahnen.

Lennart meinte, es der Stille ablauschen zu können,

wie die Wälder ringsum sich zu einer einzigen undurch-
dringlichen feuchtkalten Schwärze verwoben und wie
alle Wege darin verschluckt wurden.

So lange standen die beiden am Fenster, bis über dem
Haus die nördlichen Sternbilder aufgegangen waren,
jeder mit seinen eigenen Gedanken, die aber große Ähn-
lichkeit miteinander haben mochten.

Später saßen sie dann, jeder mit zwei Pullovern über-
einander, an dem Holztisch in der schmalen Küche, bissen von den mitgebrachten belegten Broten ab und
lauschten auf das Knacken der Scheite in dem Eisenofen.

Geschlagene drei Stunden kam gestern niemand in
die Bibliothek, sagte Elisabeth. Keine Menschenseele.

An dem Tag, als ich dich zum ersten Mal sah, hast du
auch lange ganz allein hinter deinem Tresen gesessen,
und hast vor dich hingesehen, wie auf einem Gemälde.
Das hat mir gefallen.

Auf dem Herd begann der Kessel zu pfeifen. Die Tassen
und Schüsseln auf dem Bord waren so kalt, dass man sie
mit heißem Wasser begießen musste, bevor man etwas
Warmes in sie hineingab. Bald aber wurde es angeneh-
mer in der Küche, und man konnte einen Pullover aus-
ziehen.

Von seinem Stuhl aus sah Lennart dicht an Elisabeths
Kopf vorbei auf den Polarstern, der durch das Fenster
hereinschien. Gleichzeitig das Gesicht mit der feinen
Nase, dem etwas zu schmalen Mund, den müden grau-

grünen Augen und den unendlich fernen Himmelskörper im Blick zu haben irritierte ihn so sehr, dass er sich nach dem Eingießen des Tees wie zufällig anders setzte.

Das Gesträuch draußen war so nahe an die Rückwand des Hauses herangewachsen, dass einzelne Zweige, als später am Abend ein Wind aufkam, leise an der Hauswand und sogar an den Fensterscheiben zu scheuern begannen. Das hörte sich so an, als ob ein halbes Dutzend schwacher Knochenhände kratzend und tastend nach einem Eingang in den erleuchteten Küchenraum suchten.

In bestimmten Nächten, sagte Lennart, auf jeden Fall aber in der Weihnachtsnacht rotten sich die Werwölfe alle zusammen und ziehen los, um in den abgelegenen Häusern die Leute zu überfallen und zu fressen. Und weißt du, was sie tun, wenn sie damit fertig sind? Sie brechen in die Keller ein und saufen alles leer, was sie nur finden können an Bier und Wein. Danach stapeln sie die Fässer ordentlich wieder auf, und allein daran kann man erkennen, dass sie einmal Menschen gewesen sind.

Ach, hör doch auf, sagte Elisabeth und lachte.

Ganz spät am Abend holten sie noch einmal Holz aus dem Schuppen, schleppten es durch das lautlose Schneegestöber, das ganz plötzlich eingesetzt hatte. Elisabeth schaltete noch einmal die Laternen ein: Im Lichtschein waren die Flocken dunkel und sahen aus wie ein Hummelschwarm. Lennart formte einen Schneeball und warf ihn gegen die Hauswand. Der Schnee machte sie beide ausgelassen, als sei es der erste. Selbst jetzt, mitten in der Nacht, nahm er der Landschaft etwas von ihrer Verlassenheit, als seien die wirbelnden Schneeflocken tatsächlich lebendig.

Auf junge Frauen haben es die Werwölfe übrigens ganz besonders abgesehen, fing Lennart erneut an und knipste die Laternen wieder aus. Vor allem auf die schwangeren Frauen und ihre Leibesfrüchte, die sind ihre Lieblingsspeise, weißt du? Denn nur der Verzehr eines Neugeborenen oder besser noch eines Ungeborenen kann einen Werwolf erlösen und ihn wieder in sein altes Menschenleben zurückholen.

Darauf sagte Elisabeth etwas, von dem Lennart glaubte, es würde sein Leben von einem Augenblick zum anderen für immer verändern. Er hätte später viel darum gegeben, ihr Gesicht zu sehen in diesem Moment, aber trotz des Schnees war es zu dunkel. Sie sagte:

Lennart. Du solltest eine Frau, die in der achten Woche schwanger ist, nicht mit solchen Geschichten beunruhigen!

Am anderen Tag schliefen sie lange und unternahmen nach dem Frühstück einen weiten Waldspaziergang. Sie bewegten sich in einer Jahreszeit ganz ohne Farben: Selbst aus der Nähe erschienen Lennart die Fichtennadeln grau. An manchen Stellen weit drinnen im Wald glommen bläuliche Schneereste. In allen Lichtungen fiepten, zwitscherten, trillerten Vögel, von denen sie keinen einzigen zu Gesicht bekamen.

Sie liefen bis zum See hinunter, der sich schon von weitem als weißer Glanz zwischen den Stämmen zeigte. Dicht an der weiten Eisfläche war es viel kälter als oben um das Haus. Obwohl nur eine schwache Sonne durch den Hochnebel drang, tat ihnen das Eis doch in den Augen weh. Sandvika konnte man von hier nicht sehen: anthrazitfarbene Wälder so weit das Auge reichte. Und im Übrigen dort unten am Seeufer wieder diese Stille, von der Lennart immer den Eindruck hatte, sie sei in ganz besonderer Weise durchlässig für Dinge, die sich weit weg zutrugen, oder sich in Wahrheit schon vor langer Zeit zugetragen hatten.

Er versuchte sich vorzustellen, dass in Elisabeth ein durchsichtiges, gallertartiges Wesen entstand, das sich mit der Zeit zu einem menschlichen Wesen ausbilden würde, mit ihren oder seinen Zügen, irgendwo unter ihrem Lammfellmantel und ihrem Norwegerpullover. Die Stelle in ihm, an der die Vaterfreude oder das Gefühl für Kommendes ihren Sitz haben sollte, fühlte sich heute ganz taub an. Es erschreckte ihn eher, dass er mit seinem Zeugungsakt an der Zukunft gedreht hatte.

Am späten Nachmittag versank die Sonne als karminrote Scheibe hinter den Fichtenwipfeln im Südwesten, und der Hochnebel dort färbte sich graurosa. Das Sonnenrot wiederholte sich in den überfrorenen Pfützen an

der Auffahrt und schien wider auf den Seiten des Buches, mit dem Lennart in einem Ohrensessel am Fenster saß.

Es ist genau die Farbe aus dem Malkasten, nicht wahr?
Das dunkle Orange, mit dem die Kinder seltsamerweise
immer die Dächer malen.

Später am Abend machten sie wieder Feuer in dem alten Ofen und kochten Spaghetti. Aßen, wuschen ab und
räumten auf, nur hin und wieder ein Wort wechselnd,
wie sie es von zu Hause gewohnt waren. Draußen erschien jetzt wieder der Polarstern, mit einer Zuverlässigkeit, die etwas Rührendes hatte, an einem Himmel, aus
dem sich erst spät der letzte Anschein von Bläue verlor.

Sie zündeten ein paar Kerzen an und lauschten an
dem altertümlichen Kofferradio, das sich oben im
Wohnzimmer gefunden hatte, einer Sendung über den
Maler Vilhelm Hammershøi. Der Sprecher beschwor
flirrende Felderlandschaften, über denen ein unendlich
ferner Sommerhimmel stand, und hohe, von Sonnenlicht erfüllte Stadtzimmer, in denen hier und da eine
dunkle, in sich versunkene Gestalt an einem weißlac-
kierten Tisch saß und dem Betrachter das Profil oder
auch den Rücken zuwandte. Lennart kannte alle diese
Bilder, hatte viele von ihnen in Kopenhagen selbst gesehen: Es hatte in seinem Leben eine Zeit gegeben, und sie
lag noch gar nicht so lange zurück, in der er sich einge-
bildet hatte, die Weite und Leere der Hammershøi'schen

Bilder bewahre ihn davor, von der Welt erdrückt zu werden.

Elisabeth hatte das Kinn in die Hand gestützt. Im Zuhören lächelte sie abwesend und zerstreut mit ihrem zu kleinen Mund. Lennart senkte den Blick, sah dann aus dem Fenster: In Elisabeths Blick lag etwas Beschränktes, das ihn abstieß. Ein stumpfsinniges, pflanzenhaftes Einverstandensein mit allem, wie es nun einmal eingerichtet war, wie er selbst es noch keinmal zustande gebracht hatte. Und nun also die Mutterschaft. Lennart wünschte sich Elisabeth anders, aber er hätte doch nicht sagen können, wie.

Die Knochenhände kratzten später am Abend wieder an der Wand, der aufkommende Westwind blies die Sterne aus, und dann schneite es leise vor sich hin. Große Schneekristalle flogen gegen die Scheiben und zerrannen sofort. Lennart las, nachdem Elisabeth nach oben gegangen war, noch eine Weile in einem zehn Jahre alten, schon ganz gelben Zeitungsblatt, mit dem der Boden der Brennholzkiste ausgelegt gewesen war. Einer der Artikel handelte von dem Anschlag auf die israelische Mannschaft bei den Olympischen Spielen in München. Erst als der Ofen ausgegangen war und es kalt wurde in der Küche, stieg er die Treppe zum Schlafzimmer hinauf.

*

Ein paar Wochen später, an einem kalten sonnigen Frühlingstag, heirateten Lennart und Elisabeth. Lennart hatte sich einen dunklen Anzug gekauft, in dem er sich selbst ein wenig fremd und unheimlich vorkam, und Elisabeth trug ein dunkelgrünes, tief ausgeschnittenes Kleid aus einem leicht changierenden Stoff, das gut zu ihrem ins Rötliche spielenden Haar passte. Elisabeth wollte in dem Lokal feiern, in dem Lennart ein paar Monate zuvor über ihr Gesicht gesagt hatte, dass er es immer um sich haben wollte. Lennart, froh, sich nicht mit der Suche nach einem geeigneten Festsaal befassen zu müssen, war damit einverstanden.

Es war ein einfaches Fest, aber für Lennart waren es fast schon zu viele Gäste: Elisabeths Kolleginnen aus der Stadtbibliothek nahmen an dem Essen teil, ihre Eltern und ihre Schwester, dann Emil und seine beiden kleinen Töchter, von den Lehrerkollegen der lange Grasberg, dann Frau Burman, eine ältliche Französischlehrerin in einem großkarierten Kostüm und einer Perlenkette, die Lennart gar nicht eingeladen hatte, und der dicke Schulleiter, der dem Brautpaar einen Bildband über den Maler Carl Fredrik Hill überreichte. Der Pfarrer Lukas, der am Mittag die Trauung vorgenommen hatte, schlief völlig betrunken ein, noch bevor die Gäste beim Nachtisch angekommen waren. Lennarts Mutter war zu Hause in der Hauptstadt geblieben, weil sie den vollkommen verwirrten und hilflosen Großvater nicht allein lassen konnte.

Und sonst hatte Lennart keine Verwandten, die an der großen Veränderung in seinem Leben hätten Anteil nehmen können oder wollen.

Klarissa, herausgeputzt in einem Kleidchen aus dunkelblauem Samt, musste sich nach dem Nachtisch übergeben. Elisabeth saß lange abseits mit ihr, hielt ihre Hände und sah sie besorgt an, während Emil draußen über den Motor des alten Mercedes gebeugt stand und mit komisch verzweifeltem Gesicht daran herumschraubte.

Schräg gegenüber von Lennart saß eine Frau mit rabenschwarzen, lockigen Haaren, die er nur vom Sehen kannte. Sie trug ein enges lichtgraues Kleid, das mit den blauen Augen in dem feinen Gesicht abgestimmt schien. Die Augen waren nicht groß und ihr Blau nicht weiter bemerkenswert, doch war ein ruhiger, fordernder Glanz um diese Augen, der Lennart verwirrte. Er fragte sich, ob er in dem dunklen Anzug nicht möglicherweise etwas lächerlich aussah. Er erinnerte sich, wie Lukas vorhin in seiner Rede oben in der Kirche das Wort *Bräutigam* betont hatte, ernst und würdevoll, aber doch auch mit einem leisen Spott, wie ihm jetzt auf einmal bewusst wurde. Hatte Lukas nach diesem Wort nicht einen unmessbar kurzen Augenblick innegehalten und Lennart forschend angesehen? Er hörte, wie Frau Burman über irgendetwas entzückt spitze Schreie ausstieß. Der Schulleiter erzählte mit seiner durchdringenden Bassstimme über die Tafel hinweg eine Geschichte über seinen *schwie-rigen* Sohn, der auf dem Internat einem Lehrer die Luft aus den Autoreifen gelassen hatte. Alles um ihn herum lachte lauthals, so wie man es tut, dachte Lennart, wenn man sich langweilt.

Lennart wünschte sich mit einem Mal weit fort, ans Seeufer hinaus oder noch besser an den vorgeschicht-lichen Grabhügel in der Nähe seiner Wohnung, den ihm sein Kollege Grasberg gezeigt hatte und der längst zu sei-ner Lieblingsstelle geworden war: Dies schien ihm der Ort zu sein, wo er diesen Glanz, der nicht in, sondern um die Augen der fremden Frau war, bedenken konnte. Die Frau verwandelte die übrigen Hochzeitsgäste in eine dif-fuse lärmende Menschenmenge. Und was für einen ab-stoßenden Anblick all die Teller mit den Essensresten boten! Viele der Gäste hatten sich eine Zigarette ange-zündet; der Schulleiter rauchte einen Zigarillo. Ernst und wie besorgt schaute die Frau durch den Rauch hin-durch immer wieder zu ihm herüber, bis Lennart sich entschloss, Lukas zu wecken, der, die Hände über dem Bauch verschränkt, den Kopf in den Nacken gelegt, leise vor sich hinschnarchte.

*

Etwa ein halbes Jahr später, in der ersten Woche des neuen Schuljahrs, die Kinder malten gerade einen Garten, in dem ein Apfelbaum stehen sollte, wurde Lennart von der Schulsekretärin aus dem Klassenzimmer gewinkt. Schon an ihrem Gesichtsausdruck war zu erkennen, dass es um ein wesentliches Unglück gehen musste. Elisabeth war auf dem Weg zur Schwangerschaftsgymnastik mit ihrer hellblau lackierten Ente von einem Güterzug erfasst worden, an einem Bahnübergang, der zu dieser Zeit noch unbeschrankt war. Der Zug habe den Wagen mehr als hundert Meter mitgeschleift, ehe er zum Stillstand kam, erklärte ihm ein Polizist, als Lennart und Grasberg, der ihn gefahren hatte, an der Unglücksstelle angekommen waren.

Elisabeth sei noch an der Unfallstelle verstorben, schrieb die Lokalzeitung am nächsten Tag, doch in Wirklichkeit war sie auf der Stelle tot gewesen, um neun Uhr achtundzwanzig. Ungeklärt musste bleiben, warum sie den herannahenden Güterzug nicht bemerkt hatte. Sie musste in Gedanken ganz woanders gewesen sein, an einem Ort vielleicht, an dem es keine Güterzüge gab, an dem nichts drohte. Es fiel ein kalter und heftiger, momentweise schon mit schweren grauen Schneeflocken untermischter Landregen am Tag des Unglücks, der noch immer anhielt, als man Elisabeth zwei Tage später begrub, auf dem Friedhof der aus verschiedenfarbigen Steinen zusammengebauten romanischen Kirche, die auf einer Anhöhe über dem See gelegen war. Emil hatte seinen langen grau gewürfelten Mantel an, und Lennart trug trotz des kalten Wetters nur den dunklen Hochzeitsanzug und eine dunkelbraune Wollmütze, die Berit ihm zu seinem vorletzten Geburtstag gestrickt hatte. Lukas, der Pfarrer, sah blass und übermüdet aus; jemand hielt einen Schirm über ihn. Überall in dem gepflegten Friedshofsrasen leuchteten gelbe und gelbbraune Pilze. Einmal, als der Sarg gerade in die Grube hinabgelassen wurde, durchzuckte Lennart ein Gedanke: Elisabeth hatte doch gerade an diesem Nachmittag einen Zahnarzttermin!

Lennart wünschte sich, der Regen, den Elisabeth Minuten vor ihrem Tod, beim Überqueren der Straße und beim Einsteigen in den Wagen, noch gespürt hatte, möge nie aufhören, weil er sich durch ihn mit ihr verbunden fühlte. Am dritten Tag aber ließ der Regen doch nach, inmitten des noch immer tiefhängenden Gewölks zeigten sich fernblaue Stellen, und über die Fläche des Sees breitete sich auf einmal ein breiter Streifen Silberlicht. Dann erschien eine unabsehbare Folge von klaren und milden, vollkommen unmissverständlichen Herbsttagen. Das Rot der Beeren der Ebereschen brannte den Spaziergängern auf der Netzhaut. Die Sonne schien auf das Laub der Birken und den weiten Bahnhofsplatz, sie brachte in den Gärten der Einfamilienhäuser die Äpfel zum Aufleuchten, sie schien auf den Schulhof und auf die abgeernteten Felder, und in ihrem Licht schimmerte weithin der Grabhügel. Ab und zu sonderten sich aus den im Wind auffliegenden Birkenblättern auf den Wegen noch immer Zitronenfalter ab.

*

Lennart kam es auch nach dieser Erfahrung überhaupt nicht in den Sinn, sich versetzen zu lassen und irgendwo anders einen Neubeginn zu versuchen, wie viele seiner Kollegen wohl erwartet hatten. Er war eines Tages im Sommer hierhergekommen, hatte seine Zelte aufgeschlagen, hatte sich mit der neuen Umgebung vertraut gemacht, der engeren zuerst und schließlich auch der weiteren, und von da an ging es immer weiter mit Lennarts Dasein in Sandvika, Tag für Tag, Woche für Woche, unaufhaltsam, was immer sich auch ereignen mochte. Elisabeths Tod schien auf unbegreifliche Weise zu Lennarts Dasein, zu dieser undurchsichtigen und unabsehbaren Geschichte zu gehören, die vor mehr als einem Jahr hier in Sandvika neu begonnen hatte.

Lennart träumte nur selten von Elisabeth, am wenigsten in der ersten Zeit nach ihrem Tod; allenfalls erschien sie ihm als Nebenfigur, und dann in unbegreiflicher Alltäglichkeit. Einmal wachte er wütend davon auf, dass Elisabeth noch immer das Badezimmer besetzt hielt, obwohl er in wenigen Minuten in der Schule sein musste.

Das Leben, das Elisabeth und er sich gemeinsam eingerichtet hatten und das sie bis zu einem fernen und noch nie bedachten Ende hatten führen wollen, lebte er nun einfach allein weiter, ganz wie die Krähen auf dem Feld, die, wie er irgendwo gelesen hatte, nach dem Tod ihres Partners immer für sich bleiben, bis auch sie endlich sterben.

Ich lebe jetzt für uns beide weiter, sagte er einmal zu Lukas, der ihn jetzt öfter besuchte. Oder für uns drei.

Wie wäre es mit einem Glas Wein?, fragte Lukas.

Schon zwei Wochen nach Elisabeths Bestattung, als das Wetter endlich umschlug und trüb und regnerisch geworden war, begann Lennart wieder zu unterrichten, als ein tapferer junger Witwer, dem von allen Seiten eine Art scheuer Zuneigung entgegenschlug. Den flaschengrünen Cordsamtanzug hatte er nun dauerhaft gegen das dunkle Gewand vertauscht, das er sich zu seiner Hochzeit gekauft hatte. Die Schüler verhielten sich zu dieser Zeit geradezu gespenstisch still und fügsam. Selbst ihre Bilder waren nun weniger farbig. Die Kinder schienen Lennart in den ersten Wochen nach dem Unglück geradezu zu fürchten, wie einen, der selbst aus dem Totenreich kam.

Nach dem Unterricht ging er, wie früher schon, manchmal ein Stück mit Grasberg, der in derselben Straße wohnte, durch den Regen. Die Blätter, die niemand fortkehrte, wurden schwarz und glitschig. Manchmal begegneten sich die beiden Lehrer auch am Abend oder sonntags, wenn Grasberg mit Cato spazieren ging, und Lennart begleitete ihn eine Weile. Sie hatten ja beide gleichzeitig den Schuldienst in Sandvika aufgenommen, und auch für Grasberg war es die erste Stelle gewesen. Grasbergs Schweigsamkeit tat ihm wohl, wie auch der Geruch seiner Zigarette in der Regenluft, und selbst von seiner langen, hageren Gestalt ging etwas Begütigendes aus.

Lennart blieb weiterhin in der Dreizimmerwohnung am Stadtrand wohnen, in der er ja auch anfangs allein gelebt hatte. An der Einrichtung des Hauses änderte er nichts, die Pfannen, Handtücher und Topflappen, mit denen Elisabeth zum gemeinsamen Hausstand beigetragen hatte, verwendete er weiter. Wenn er etwas briet, band er sich ihre blaukarierte Schürze um. Er schlief alle Nächte in dem breiten Bett, das sie gleich bei Elisabeths Einzug angeschafft hatten, als sei es von Beginn an nur für ihn allein bestimmt gewesen.

Elisabeths Geruch hüllte ihn ein, wenn er die Tür des Schlafzimmerschranks öffnete. Im Schrank hingen dicht an dicht Jacken, Mäntel und Kleider, in verwirrender Vielzahl, auch eine Pelzkappe und zwei gehäkelte Mützen gab es, und daneben, im oberen Fach, hatte Elisabeth ihre Schals und Tücher ordentlich gestapelt. Der Schrank hatte unten zwei große Schubladen, in denen

sich Büstenhalter und Schlüpfer stapelten; dieser Anblick machte ihn immer ein wenig verlegen. Und es gab
da Pullover, Blusen und Röcke in Elisabeths Schrank, die
er sie zeitlebens nie hatte tragen sehen.

Auch das dunkelgrüne Hochzeitskleid hing schimmernd an seinem Bügel im Schrank und zeigte die
stumme und eigensinnige Anhänglichkeit der Dinge
an ihre verschwundenen Besitzer, die die Überlebenden
oft aus der Fassung bringt. Einmal nahm er das blaue
Strickkleid aus dem Schrank, hielt es vor sich und sah es
lange an.

Noch viele Monate konnte sich Elisabeths Zahnbürste
neben der seinen in dem Becher auf dem Badezim-
merbord behaupten; dann verschwand sie, ohne dass
Lennart sich hätte erinnern können, sie bewusst wegge-
worfen zu haben, so wie die Briefe und Photographien
früherer Bekanntschaften sich irgendwann auf myste-
riöse Weise aus dem Leben verflüchtigen. Nur die Vorhänge vor dem großen Balkonfenster, gegen die er von
Anfang an gewesen war, hatte er bald wieder entfernt, so
dass der Wald wie früher ungehindert in das Arbeitszimmer hereinscheinen konnte.

Es machte Lennart nichts aus, wie früher regelmäßig in die Stadtbibliothek am Seeufer zu wandern, wo er
Elisabeth zum ersten Mal beobachtet hatte, durch die
Regale hindurch, wie sie in stiller Madonnenhaftigkeit
dagesessen hatte, so als könne ihr die Zeit gar nichts an-

haben, und er so gespannt gewesen war auf ihre Beine. Elisabeths Kolleginnen nickten ihm anfangs bewegt, nach ein paar Wochen aber schon nur mehr mit gedankenloser Freundlichkeit zu, wenn er hereinkam und das dunkle Anzugjackett, das er nun tagtäglich anhatte, in die Garderobe hängte und die abgewetzte Aktentasche darunter abstellte. Sie sprachen weniger und weniger mit ihm, und nie war Elisabeth der Gegenstand. Es war, als sei er durch ihren Tod allmählich wieder zu einem Bibliotheksbenutzer wie jeder andere geworden. Elisabeths Tod hatte in gewisser Weise auch ihn allmählich in eine Abwesenheit gehüllt.

Nach nicht einmal zwei Monaten wurde jemand anderes an Elisabeths Statt angestellt, eine junge, stark übergewichtige Frau, die ihr blond gefärbtes Haar stets in einer Schleife aus schwarzem Samt zusammengebunden hatte. Sie thronte nun also mit leerem Gesicht am Ausleihtresen. Wenn es gerade nichts zu tun gab, blickte sie verstohlen um sich und holte dann ihr Strickzeug hervor. Das Klicken der Nadeln in dem stillen Bibliotheksraum kam Lennart fremd und beinahe ein wenig unheimlich vor. Bei geschlossenen Augen erzählte es ihm, dass alles anders geworden war.

Jeden Freitagnachmittag saß Lennart so in der Bibliothek für eine Stunde oder auch länger an einem der hygienischen Resopaltische im Neonlicht und las in einem Lexikonband, den er dem Anschein nach völlig wahllos aus dem Regal gezogen hatte. Manchmal schrieb er ein Wort oder zwei in das kleine Notizbuch, das er immer dabeihatte. Er arbeitete sich durch einen Artikel über Island oder über Julius Caesar, über die Milchstraße, die Bauernkriege, den Islam oder über lateinamerikanische Tänze, über den Idealismus oder über Höhlenmalereien. Mit einem unerschütterlichen Gleichmut nahm er in den Monaten nach Elisabeths Unfall alles zur Kenntnis, was die Menschheit im Laufe der Jahrtausende aufgedeckt, ersonnen oder hervorgebracht hatte. Ob es wirklich Neugier war, die ihn dazu trieb? Es war seine Art zu trauern, den Kreis der letztlich vergeblichen Dinge in sich ruhig und geduldig auszuweiten.

Manchmal blickte er auf und schaute, das Kinn in die Hand gestützt, auf den See hinaus, auf die Birken, deren gelbe Laubmassen in der Nachmittagssonne lodern konnten, allmählich aber immer schütterer wurden, so dass der See mehr und mehr durch das weiße Gezweig schien. Ein Eichhörnchen stob einen Stamm hinauf, als ein huschender braunroter Fleck. Die letzten Hummeln über den längst verblühten Beeten schienen sinnlos herumzutaumeln. Lennart schaute auf die am Ufer vorbeidefilierenden Stadtbewohner, Rentner zumeist mit bis zur Brust hinauf reichenden Hosenbünden, aber auch halbwüchsige Liebespaare, die die Schwäne fütterten und sich hin und wieder küssten, oder hübsche junge

Mütter mit modernen Kinderwagen. So still war es oft in der Bibliothek, dass Lennart das Prasseln der Kinderwagenräder draußen im Kies hören konnte. Der See strahlte und funkelte bei heiterem Wetter, als sei er in Auflösung begriffen, im Wolkenlicht war er aber nur eine fahle und einförmige Leere. Doch gerade unter bedecktem Himmel erschienen die Hügelketten auf der anderen Seite farbig und körperhaft, und ihre Bewaldung wirkte undurchdringlich.

Lennart lieh sich zu dieser Zeit auch viele Bücher aus, die er dann in seiner Aktentasche den ganzen langen Weg nach Hause trug, vorbei an den Ebereschen, an denen sich überall die karminroten Beeren entzündet hatten, und durch die in der fahlen Herbstsonne noch entleerter als sonst wirkenden Kleinstadtstraßen, in denen es nach faulen Äpfeln roch: Romane und Reiseführer waren darunter, dann Gedichte und Bildbände, Einführungen in die Astronomie, die Zoologie, in die Geschichte der altorientalischen Hochkulturen, in die Rosenzucht oder auch in die Runenkunde. Es konnte einem so vorkommen, als ob es ihm mehr um den Akt des Ausleihens zu tun gewesen wäre als um die Bücher selbst, mehr um den bloßen Mechanismus als um das, was dieser Mechanismus bewegen sollte. Es spiegelte sich ein seltsam verbissener, doch auch kindlicher Eigensinn in seiner Miene, wenn er die Bücher für die Woche in seiner Aktentasche verstaute, viel mehr, als ein berufstätiger Mensch in einer Woche lesen konnte. Die schwergewichtige junge Frau am Ausleihtresen verkniff sich jedes Mal ein Lächeln. Aber Lennart saß doch an den Wochenenden an seinem großen Schreibtisch und las sich durch alles Mögliche und machte sich hier und da Notizen, während die Fichten und Birken durch das große vorhanglose Fenster fragend ins Zimmer sahen.

*

Die Einladungen seiner Kollegen lehnte Lennart mit freundlicher Bestimmtheit ab, bis sie endlich ausblieben; selbst Frau Burman, die ältliche Französischlehrerin, ließ schließlich davon ab, ihm gefühlvoll über den Oberarm zu streichen und ihn mit ihrer etwas knarrenden Stimme zum Sonntagskaffee zu bitten. Lennart blieb lieber für sich. Allenfalls mit dem stets verdrießlichen Grasberg, der Junggeselle geblieben war, ging er hin und wieder nach dem Unterricht spazieren, zum Grabhügel oder durch die abgeernteten Felder, und es kam vor, dass sie dabei in einer halben Stunde kaum ein halbes Dutzend Worte wechselten.

Einmal in der Woche, jeweils am Sonntagabend, besuchte Lennart den Pfarrer Lukas in der Sakristei der Kirche auf dem Hügel, in der er Elisabeth geheiratet und vor der sie ein halbes Jahr später begraben worden war. So hatten sie es schon in den Monaten gehalten, als Elisabeth noch lebte, und nur durch Lennarts große Lesereise einige Jahre später sollte diese Gewohnheit einmal eine längere Unterbrechung erfahren. Lukas war mit ihm auf den Tag genau gleichaltrig, wie sich eines Abends herausgestellt hatte, doch anders als Lennart trug der Pfarrer immer noch seinen schwarzen Vollbart, in dem schon einige silberne Haare eingewoben waren.

Lennart, der doch, wenngleich nur wenige Stunden und nur in den untersten Klassen, auch Religion unterrichtete, erschien in all den Jahren kein Mal zur heiligen Messe, auch nicht an Ostern oder Weihnachten. Lukas bekümmerte dies offenbar nicht. Im Gegenteil: Vielleicht hätte es ihn eher ein wenig aus der Fassung gebracht, wenn er Lennart eines Sonntagmorgens auf einmal inmitten seiner kleinen Gemeinde entdeckt hätte, wie er, im Gleichtakt mit den anderen, sein Gesangbuch öffnete.

Die Sakristei war ein kleiner Raum mit unverputzten Wänden und einem tiefen Bogenfensterchen, einer Klosterzelle nicht unähnlich, in dem sich die beiden dunkel gekleideten Männer an einem Holztisch gegenübersaßen. Ein elektrisches Heizgerät in der Ecke und ein Bücherregal neben der Tür vervollständigten die Einrichtung. Wenn nicht gerade der Regen gegen die Scheibe prasselte oder ein heftiger Wind in den Kronen der Bäume draußen auf dem Friedhof rauschte, war es ganz still in dem Raum, doch auf eine ganz andere Weise als etwa in den leeren Klassenzimmern am Abend, in denen die Stille nicht mehr als ein Zwischenraum war: Hier in der Sakristei hatte sich, wie in dem angrenzenden, immer dämmrigen Kirchenraum die Stille im Laufe der Jahrhunderte aufgehäuft gleich einer geologischen Formation. Abermillionen lautloser Sekunden hatten sich seit achthundert Jahren abgelagert zwischen diesen kahlen Mauern. Und es war klar, dass alles, was Lennart und Lukas an ihren Sonntagabenden in der Zelle auf dem Hügel über dem See miteinander sprachen, in diese sich immer fort und fort aufbauende Ablagerung einging und in das Schweigen eingeschlossen wurde wie das Insekt in den Bernstein.

Wie war die Messe heute?, konnte Lennart fragen, während er sein Jackett über den Stuhl hängte und den Korkenzieher aus der Schublade nahm. Und Lukas konnte etwas antworten wie:

Meine Predigt haben sie wieder nicht verstanden, kein Wort davon ist auf fruchtbaren Boden gefallen, verstehst du? Der Herr hat sie mit Torheit geschlagen, ich habe es jedem Einzelnen an seinem leeren Gesicht angesehen.

Und der neue Bildband, den du bestellt hast, ist der gekommen?

Gewöhnlich blätterten sie an diesen Sonntagabenden nämlich zuerst in einigen Bildbänden zur mittelalterlichen Kunst, von denen Lukas unzählige besaß und ständig neue bestellte, zum Teil auch auf italienisch, spanisch und deutsch, Sprachen, die Lukas gar nicht verstand. Viele von ihnen standen in dem Regal neben der Tür. Lukas und Lennart verwunderten sich immer wieder aufs Neue über die Durchsichtigkeit zum Unendlichen hin, die in den Bildern und Figuren aus dem 14. und 15. Jahrhundert zum Vorschein kam, und stritten darüber, ob die Gestalt einer Muttergottes denn schon von Anfang an in dem Lindenholzblock vorhanden gewesen sei, aus dem der Bildschnitzer sie dann befreite, oder ob der Bildschnitzer der toten Materie eingedrückt hatte, was vor seinem inneren Auge stand.

Während Lennart an diesen Abenden nie mehr als ein oder zwei Gläser Wein trank – man hatte ihn in all den Jahren seines Für-sich-Seins überhaupt niemals angetrunken gesehen; das zumindest konnte man ihm beim besten Willen nicht vorwerfen –, trank Lukas meistens viel und unbeherrscht, so dass er irgendwann nach Mitternacht gewöhnlich erst zu weinen und sich zu winden begann und sich dann darüber beklagte, dass Gott ihn verlassen habe oder aber gar nicht existiere.

Es gibt keinen Gott, und ich bin sein Priester, konnte er dann lallend verkünden, während die Tränen über seine Wangen liefen und im Dickicht seines schwarzen Bartes versickerten.

Das macht doch nichts, Lukas, sagte Lennart besänftigend.

Dann legte Lukas seinen Kopf auf den Ellbogen und schlief ein. Lennart weckte ihn behutsam wieder auf und führte ihn vorsichtig die drei Stufen vor dem Sakristeieingang hinunter, während Lukas versuchte, seinen Kopf an Lennarts Schulter zu schmiegen. Im Mondlicht zeichneten sich die Grabsteine ab. Im Vorbeigehen grüßte Lennart immer mit der Hand zu Elisabeths Grab hinüber, während er den anderen Arm bei dem neben ihm hertorkelnden Lukas untergehakt hatte. In Lennarts Gesicht erschien dabei jedes Mal ein verlegenes Lächeln: Elisabeth hatte diese Lukas-Abende, wie sie sie nannte, nur schweigend geduldet, und würde sich bei dem Anblick der beiden über den nächtlichen Friedhof stolpernden Männer sicher bestätigt fühlen.

So ging es den auch in der finstersten Nacht hell schimmernden Kiesweg unter den im Wind rauschenden Birken hinunter zur Pfarrerswohnung am Fuß des Kirchhügels. Lennart sperrte die Haustür auf, schob Lukas in sein Schlafzimmer, schaltete da die Nachttischlampe an und ließ den Pfarrer allein. Manchmal lag schon der Schein des Frührots über dem See, wenn Lennart nach Hause wanderte, draußen auf dem Wasser glitt ein Schwan dahin, und die Hügelkette auf der anderen Seite stand in undurchdringlicher Schwärze, als habe sie die Nacht aufgesogen. Lennart fröstelte: Selbst im heißesten Sommer herrschte um diese Zeit am Ufer eine empfindliche Kühle. Lennart hatte das Gefühl, sich mitten im Weltraum zu befinden. Er knöpfte seine Jacke zu und dachte daran, dass ihn nur noch erschreckend wenige Stunden vom Unterrichtsbeginn trennten.

*

In der warmen Jahreszeit und besonders in den Sommerferien saß Lennart oft auf einem Klappstuhl in der Abendsonne vor Elisabeths Grab, die abgewetzte Aktentasche stand neben ihm im Gras. Er hatte, selbst wenn es warm war, seinen dunklen, nicht eben modischen Anzug an, obwohl er leicht ins Schwitzen geriet. Nur an besonders heißen Tagen zog er das Jackett aus und hängte es über die Stuhllehne. An seinem Hemd waren dann unter den Achseln große Schweißflecke zu sehen. Lennarts Haar begann sich über der Stirn ein wenig zu lichten.

Der Friedhof neben dem mittelalterlichen Kirchlein mit dem gedrungenen, wehrhaft wirkenden Turm war auf seiner sanften, grasbewachsenen Anhöhe über dem See dem Alltag ganz enthoben. Keine herumstreunenden Kinder und auch kaum einmal ein Spaziergänger verirrten sich hier herauf. Von der niedrigen Einfassung aus groben Feldsteinen konnte man zwischen dem Birkenlaub den Wasserspiegel glitzern sehen. Es war immer sehr still hier oben, allenfalls hörte man einmal das Klingeln der nahen Bahnschranke, und kurz darauf einen vorbeirollenden Güterzug. Lennart dachte dann

manchmal daran, dass die drei Bahnschranken im Stadtgebiet sich oft ganz umsonst herabsenkten, weil niemand unterwegs war, der den Bahndamm überqueren
wollte, wie auch sonst die Dinge hier in Sandvika nach
wie vor ihren Lauf ganz von selbst nahmen, gleichgültig
ob jemand daran Anteil nahm oder nicht.

Manchmal saß Lennart einfach nur da auf seinem
Klappstuhl, der eigentlich zu den Beständen des Gymnasiums gehörte, und träumte und sinnierte vor sich hin.
Das seltsame Lächeln um seine Lippen war vielleicht nur
eine Grimasse, hervorgerufen durch die tief stehende
Sonne. Irgendwann sank sein Kopf in den Nacken, und
er schlief für ein paar Minuten ein. Manchmal träumte
er dann von dem Tag, an dem er zum ersten Mal nach
Sandvika gekommen war; nur zog er sich da regelmäßig
aus und stieg unter dem Beifall der zwei Mädchen und
des Trinkers aus dem Bahnhofslokal in den Brunnen,
der plötzlich mit lauem Wasser gefüllt war. Meistens
aber hatte Lennart auf dem Friedhof ein Buch auf dem
Schoß, in welchem er geschäftig hin und her blätterte
und einzelne Stellen durcharbeitete, indem er mit dem
Zeigefinger über die Zeilen fuhr, und unleserlich bekrit-
zelte Notizzettel verteilten sich über den Rasen um ihn
her, die er manchmal beim Weggehen aufzusammeln
vergaß.

Vor dem Nachhausegehen betrachtete er oft noch die
mittelalterlichen Wandmalereien in der Kirche. Sie wa-

ren fast schon verblichen, doch im Licht der Abendsonne erwachten einige der Darstellungen an der östlichen Wand noch einmal zu einem farbigen Leben. Auf einer der Malereien sah man Gott, der mit seinem rostbraunen kurzen Vollbart eher Jesus glich, wie er ein wenig ratlos inmitten der Tiere stand, die er gerade erschaffen hatte: Fische, vielfarbige Vögel und wollige Lämmer, die offenbar ihren Platz in der Natur noch nicht gefunden hatten. Einem der Lämmer wurde, kaum war es von Gott gemacht worden, schon von einem Fuchs die Kehle durchgebissen. An einer anderen Mauerwölbung konnte man erkennen, wie ein vom Himmel herabschwebender Engel Adam und Eva lange Gewänder reichte, die von den beiden Sündern mit einer Art traurigen Neugier gemustert wurden.

Wenn er genug gesehen hatte, brachte Lennart den Klappstuhl in die Sakristei zurück, wechselte einige Worte mit Lukas, wenn er ihn zufällig antraf, bekräftigte die ohnehin feststehende Verabredung für den kommenden Sonntagabend und wanderte in seinem dunklen Anzug, die alte Aktentasche mit den Büchern und den vollgekritzelten Notizzetteln bedächtig schwenkend, am Seeufer entlang und dann durch die dämmernden Kleinstadtstraßen heimwärts.

*

Anderthalb Jahre nach Elisabeths Tod schien es allerdings für eine Weile, als ob Lennart wieder Anschluss gefunden habe. Er war gerade siebenundzwanzig, immer noch die jüngste Kraft im Lehrkörper des Gymnasiums von Sandvika, ein klein wenig übergewichtig zwar und auch sonst nicht besonders gutaussehend, aber irgendetwas an ihm zog die Frauen an. Eine neue Biologielehrerin, Karin Iverus, die als Kind schon einmal einige Jahre in Sandvika gewohnt hatte, kam als Schwangerschaftsvertretung an die Schule, und Lennart freundete sich sofort mit ihr an, führte sie nachmittags und sogar auch am Wochenende in die Landschaft hinaus und zeigte ihr die Aquarelle von verschiedenen Pflanzen der Gegend, die er seit dem Frühling zu malen begonnen hatte.

Einmal liehen sie sich ein Boot, und er und Frau Iverus (so nannte er Karin für sich selbst, obwohl sie sich von Anfang an geduzt hatten) ruderten zu der Felseninsel hinüber, am Morgen eines ungewöhnlich heißen Junisonntags. Über die hölzernen, wettergrauen Treppen und Stege stiegen sie zu dem Felsplateau hinauf, das in Wahrheit, wie Frau Iverus ihn aufklärte, der Rücken eines vor Urzeiten erstarrten Ungeheuers war.

Davon war ich meine ganze Kindheit über fest überzeugt, sagte sie ernst in ihrem südlichen Dialekt, und ich rechnete jeden Augenblick damit, dass es endlich wieder einmal zum Leben erwachte. Irgendwann musste es doch einfach passieren. Die ganzen Pfähle und Planken würde es einfach abstreifen wie etwas Lästiges, verstehst du, und dann würde dieses große, Millionen Jahre alte Tier einfach davonschwimmen, mit schwerfälligen, aber mächtigen Bewegungen, und hohe Wellen dabei machen, so dass das Wasser bis über den Bahnhofsplatz schießen würde.

Vielleicht ist es heute so weit, sagte Lennart. Mir ist, als ob gerade heute etwas noch nie Dagewesenes geschehen könnte.

Doch alles blieb still, die Insel regte sich nicht in ihrem Jahrtausendschlaf. Stattdessen dehnte sich der Sommermoment von den im Sonnendunst grau verschwimmenden Waldhügeln auf der anderen Seite des Sees bis tief in die wie leergefegten Querstraßen am Stadtufer hinein. Das Nadelwerk der kleingewachsenen, ein undurchdringliches Gestrüpp bildenden Kiefern, die in einiger Entfernung gegen die finstere Himmelsbläue standen, funkelte und schimmerte, als wäre gerade ein Schauer auf sie hinabgegangen.

Frau Iverus war dann wieder die Treppen hinuntergestiegen, um ein Stück weit in den See hinauszuschwimmen. Lennart stand da und spürte den glühheißen Stein unter seinen nackten Fußsohlen. Wie lange war er schon nicht mehr barfuß gelaufen! Ganz fremd sahen seine weißen Füße unter dem Hosensaum hervor. Der Fels, auf dem er stand, der Rücken des großen Tiers, war mit einem unruhigen Muster von gelben und graugrünen Flechten überzogen, genau wie sie ihm Jahre später einmal auf einer Felskuppe über der Barentssee auffallen sollten, wo der Blick südwärts über einen endlosen Krüppelbirkenwald ging.

Hier, in den Mulden und Rissen des Plateaus, standen vergilbte Grasbüschel, verblühter Löwenzahn und an einer Stelle auch Heidekraut. Darüber schwebten zwei oder drei Hummeln, schwarze, momentweise braungeränderte Punkte in der glänzenden Luft, den Flecken ähnlich, die Lennart als Kind mit dem Vergrößerungsglas ins Holzgeländer der Sommerhausveranda gebrannt hatte.

Lennart wartete im Boot, bis Frau Iverus vom Schwimmen zurückkam. Vom Ufer her war jetzt Glockenläuten zu hören: Lukas würde wohl gerade sein Messgewand anlegen, sein Parament, wie er es nannte, und dann vielleicht noch einen letzten Blick auf seine Predigt werfen, die auch heute wieder auf keinen fruchtbaren Boden fiele. Karin Iverus war sehr schlank und ein Stück größer als Lennart. Sie zog beim Lachen die Nase kraus, das hatte Lennart von der ersten Begegnung an mehr als alles andere für sie eingenommen. Ihre Augen waren so dunkel, dass man an sonnenverbrannte Landstriche am Äquator denken musste. Strähnen ihres nassen Haars hingen ihr in die Stirn, klebten an den Schläfen. Sie hatte verschwenderisch große Brüste, die, wie Lennart in der Schule mehrfach mitbekommen hatte, die halb-wüchsigen Schüler sehr beschäftigten. Vor kurzem hatte Karin Iverus mit einem Käsekuchen im Lehrerzimmer ihren zweiunddreißigsten Geburtstag gefeiert, aber in diesem Augenblick wirkte sie kaum älter als ihre Schü-lerinnen aus der Abschlussklasse. Lennart schaute zu, wie sie sich abtrocknete, das Oberteil des Bikinis aus-zog, ohne sich umzudrehen, und sich ein T-Shirt über-streifte. Er hörte, wie in seinem Rücken ein Güterzug ge-mächlich durch den Bahnhof rollte, ohne anzuhalten. Unter seinen Achseln waren jetzt große Schweißflecken zu sehen.

Er fragte sich, warum Frau Iverus wohl noch immer allein lebte. Lebte sie denn allein? Aus ihrer wollenen Umhängetasche suchte sie jetzt etwas hervor, eine Son-nenbrille.

Als Kind habe ich vor dem Glitzern der Wellen immer die Augen zumachen müssen, sagte sie, während sie in dem Boot auf dem Wasser langsam dahintrieben, dem Stadtufer entgegen. Ich bekam sofort Kopfschmerzen davon. Und trotzdem habe ich das Glitzern dann noch gesehen. Es war das Einzige auf der Welt, das man auch mit geschlossenen Augen sehen konnte. Wenn ich die Augen nur lange genug geschlossen hielte, das war auch eine meiner Überzeugungen, dann würde ich sie als je-mand anderes in einem fernen Land wieder aufschla-gen. Ganz vorsichtig machte ich also die Augen wieder auf und blinzelte, schaute mich um. Ich war aber immer noch in Sandvika, es war immer noch meine Mutter, die da auf dem Badetuch lag, die aufgeschlagene Modezeitschrift über das Gesicht gelegt, und es war immer noch mein unerträglicher großer Bruder, der da mit sich selbst Fußball spielte. – Und jetzt bin ich plötzlich auch wieder hier. Als ob ich irgendwann damals einmal die Augen zugemacht hätte, und jetzt habe ich sie wieder aufgemacht und bin wieder hier.

Offenbar ist Sandvika ein Ort, der einen nicht mehr loslässt, sagte Lennart. Ob man nun die Augen zu hat oder offen.

Ich hoffe für dich, dass es nicht so ist, sagte Karin Iverus leise.

Noch vor Weihnachten kehrte die hagere und strenge Frau Ström aus dem Mutterschaftsurlaub zurück, und ihre Vertretung, Frau Iverus, fuhr wieder nach Malmö, wo sie mit ihrer jüngeren Schwester in einer Mansardenwohnung zusammenlebte. Lennart telefonierte in der ersten Zeit noch hin und wieder mit ihr; Frau Iverus erzählte ihm einmal von den Nachtigallen, die man in den milden, windigen Winternächten mitten im Hafen hören könne. Ein ganzer Baum voll, in dem sich aber gleichzeitig gar nichts zu regen schien, wenn man davorstand, direkt vor dem Hafenbecken. Lennart sagte, dass der See in diesem Winter ganz und gar zugefroren sei, dass Grasberg beinahe jeden Nachmittag auf seinen Schlittschuhen bis ans andere Ufer laufe und dass manchmal in der Dämmerung ein geisterhaftes hohes Sirren von der Eisfläche ausgehe. Vielleicht täusche er sich aber auch. So höre er ja auch die Kinder oft beim Malen reden, obwohl sie tatsächlich gar nichts sagten. Vielleicht habe Grasberg recht, der meinte, Lennart verbringe allzu viel Zeit mit sich allein. Nun, Grasberg musste es ja wissen! Danach verloren sie sich rasch aus den Augen, Lennart und Karin Iverus. Lennart sah sie nie mehr wieder.

*

Fünf Jahre war das inzwischen alles her. Oder waren es nicht sogar schon zehn? Es spielte keine Rolle. Wer Lennart näher kannte, wunderte sich nicht über seinen Mangel an Zeitgefühl. Ist die Zeit nicht etwas, das man in erster Linie mit anderen Menschen teilt?

Zwar beobachtete Lennart auf seinen täglichen Gängen durch die Landschaft um Sandvika den Wandel der Jahreszeiten sehr sorgfältig. Jahr für Jahr verfolgte er die Schneeschmelze und wie die gelbgrauen Wiesen unter dem anschwellenden Gesang der Vögel wieder zum Vorschein kamen und wie die ersten, noch schlaftrunkenen Hummeln über die lehmigen Halme hinwegstoben. Dann kam die Obstbaumblüte, dann das Wollgras, das im Frühsommer silberweiß wurde auf den Pferdeweiden und auf den gelbgrünen Nasswiesen, dann ereignete sich das Reifwerden der Himbeeren und endlich das der Blaubeeren auf den Lichtungen im Wald. Lennart wusste, wann die Glut der Ebereschen zu einer der bestimmenden Farben am Stadtrand wurde und wann dies wieder aufhörte. Er wusste, in welchen Nächten die Pilze im Wald und auf den Wiesen aus dem Boden schossen, und er stellte sich gerne vor, dass dies mit einem leise zischenden Geräusch geschehe. Auch kannte er Stellen im Wald, wo riesige Fliegenpilze durchs Unterholz schimmerten.

Es entging Lennart in keinem seiner Jahre in Sandvika, wie das Laub sich in den ersten kalten Nächten in Herbstlaub verwandelte und der See an den Ufern eine dünne Eishaut bekam, unter der das Wasser dann schwarz wie ein Kohlenkeller erschien. Auch die ersten Kaltfronten des Herbstes, die Septemberstürme und schließlich den ersten Schnee spürte er lange im Voraus, kraft einer dunklen Ahnungsgabe, die ihm aus Kinderzeiten geblieben war, als er noch im Bett liegend immer schon gewusst hatte, dass draußen, endlich!, alles weiß sein würde. Das Vergehen der Jahre aber hatte nach und nach aufgehört, ihm etwas zu bedeuten. Kaum dass er mit seiner Kleidung dem Wechsel der Jahreszeiten Rechnung trug. An seinen Geburtstag dachte er nie, und so hatten auch die Kollegen irgendwann aufgehört, ihm an diesem Tag eine von allen unterschriebene Karte zu überreichen, und Frau Burman buk keinen Kuchen mehr für ihn. Später, nachdem Lennart seine Stelle in der Schule aufgegeben hatte, gab es auch keinen Kalender mehr in seiner Wohnung. Was hätte er da auch eintragen, welche Tage als besondere markieren sollen?

*

Ein paar Jahre nach Elisabeths Tod ereignete sich dennoch etwas Unerwartetes: Es erschien ein Buch von Lennart mit dem Titel *Waldgedanken*. Es stellte wohl eine Art von philosophischem Versuch dar, eine Anweisung, wie man durch stetiges Beobachten zum inneren Wesen der Natur vordringen und wie man Landschaften so sehen könne, wie sie zu sehen man in unserem Jahrhundert längst verlernt hatte – in solchen oder ähnlichen blumigen Wendungen erging sich der Klappentext. Doch manche, die das Buch gelesen hatten, meinten es wieder ganz anders verstehen zu müssen. Ihnen zufolge wollte Lennart in seinem Buch die zunehmende Unleserlichkeit der Welt darlegen, indem er ein Bruchstück einer entzifferten Natur vorlegte. Wie um alles in der Welt war das zu verstehen? Und wieder andere, und diese bildeten wohl die erdrückende Mehrheit, jedenfalls in Sandvika, waren der Ansicht, es gäbe an diesem auf konfuse Weise traurigen Buch überhaupt nichts weiter zu verstehen, außer dass sich in ihm bestenfalls das dunkle

Gefühl eines ungeheuren Weltganzen ausdrücke. Lennart selbst schien dieser letzten Auffassung zuzuneigen.

Alle zeigten sich vollkommen überrascht von dieser Buchveröffentlichung; niemand außer Lukas hatte gewusst, dass Lennart nächtens und an den verhangenen Sonntagen, aber auch auf seinen immergleichen Nachmittagswegen an einem Buch arbeitete. Selbst Grasberg hatte er kein Wort davon gesagt, vielleicht wegen des milden Spotts, den Grasberg über alles und jeden zu gießen pflegte. Jetzt bist du uns auch noch unter die Dichter und Philosophen geraten, hätte Grasberg gesagt und mit gespielter Besorgnis den Kopf geschüttelt. Nein, niemand hatte auch nur geahnt, dass sich hinter Lennarts allmählich höher werdender Stirn irgendwelche philosophischen oder literarischen Gedanken Bahn brechen könnten.

Die Kollegen am Gymnasium, selbst die Minderheit der ihm noch Wohlgesinnten, sahen in dem Buch kaum etwas anderes als ein genaues Abbild des eigenbrötlerischen, leutescheuen Wesens, das Lennart mittlerweile angenommen hatte, seiner mit jedem Jahr der Witwernschaft nur noch ausgeprägter gewordenen Verschrobenheit und Weltferne. Wenn man nur daran dachte, mit welcher krankhaften Beharrlichkeit er beim Schulleiter immer wieder um die Neugestaltung des Schulgartens einkam, für den doch nun einmal allein die Biologielehrer zuständig waren!

Frau Ström hatte im Lehrerzimmer ihrer Überzeugung Ausdruck verliehen, dass diese *Waldgedanken* unter jungen Menschen nur Verwirrung und Ziellosigkeit stifteten. Keine Einzige der wichtigen Erkenntnisse, die in den vergangenen Jahrzehnten in der Botanik und der Zoologie gewonnen worden waren, hatte Lennart berücksichtigt. Der Mangel an Wissenschaftlichkeit sei geradezu erschreckend. Wer das Bedürfnis habe, so etwas zu schreiben, bitteschön. Aber es dann auch noch zu veröffentlichen! Die Verlage schreckten heutzutage offenbar vor gar nichts mehr zurück.

Unter der Lehrerschaft wurde lange diskutiert, ob so ein abseitiger Zeitgenosse wie Lennart eigentlich noch länger Einfluss auf die Jugend nehmen dürfe. Grasberg gab zu bedenken, dass man Lennarts Einfluss auf die Schüler wohl nicht überschätzen dürfe. Und wenn schon! War es erlaubt, sich so sehr in sich selbst zu verstricken? Gab es denn nicht auch Grenzen für das Für-sich-sein-Wollen eines Menschen? Und gar eines Lehrers, der irgendwo doch auch seinen Schülern ein Vorbild zu sein habe!

Wenn alle ihr Dasein so gestalten würden, wie es Lennart tut, dann wäre die höchste Lebensform auf diesem Planeten in ein paar Jahrzehnten verschwunden!, verkündete Frau Ström streng: Seit sie ein Kind hatte, war sie noch hagerer und spitzer geworden.

Grasberg verbiss sich darauf eine Antwort und lächelte stattdessen nur vor sich hin. Zwei oder drei der Lehrer rätselten noch eine Weile, ob Lennarts Seltsamkeit wirklich nur auf den Schicksalsschlag in seinen jungen Jahren zurückzuführen war. Musste man nicht eher von einer Veranlagung ausgehen, die sich in jedem Fall irgendwann Bahn gebrochen hätte, mit Elisabeth oder ohne sie? Hätte Lennart, der doch im Grunde nichts weiter als ein entwurzelter Großstadtmensch war, vielleicht nie nach Sandvika kommen sollen? Dann läutete es zum Ende der Pause; die Lehrer griffen nach ihren Taschen und Heftestapeln und schwärmten über die sorgfältig gebohnerten Korridore in die Klassenzimmer aus.

Von den Kritikern der größeren Zeitungen wurde Lennarts naturphilosophischer Versuch, da ohne jeden Zusammenhang mit den Debatten der Zeit, wie er nun einmal war, milde belächelt, manchmal auch um seiner mangelnden Zeitgenossenschaft willen bestaunt. Doch irgendetwas schien die Rezensenten davon zurückzuhalten, dem Verfasser ordentlich in die Parade zu fahren. In den meisten Besprechungen schimmerte eine gewisse Sympathie für dieses an Einsamkeit schlechterdings nicht zu übertreffende Buch hindurch.

In der Zeitung von Sandvika stand jedoch gar nichts über Lennarts *Waldgedanken;* es hatte sich hier offenbar niemand gefunden, der sich mit dem Werk auseinandersetzen mochte. Niemand schien es ernst zu nehmen, niemand in Lennarts Welt hielt es für wichtig, weil man

sich nicht vorstellen konnte, dass ein mit den Jahren
schrullig gewordener Kunstlehrer der Allgemeinheit irgendetwas von Belang mitzuteilen hatte. Die Kinder
Kirschbäume oder Burgen malen zu lehren und ihnen
das Prinzip des Fluchtpunkts und den Goldenen Schnitt
zu erklären, darin bestand schließlich seine Aufgabe.

Dennoch wurde das Buch nach einiger Zeit ein großer
Erfolg, sogar über die Landesgrenzen hinweg, was es in
den Augen der Bewohner von Sandvika, der Lehrer vor
allem und auch mancher Eltern, nur noch bedenklicher
machte. Bald schon waren die *Waldgedanken* in mehr
als ein halbes Dutzend Sprachen übersetzt, wusste der
Buchhändler zu berichten. Sogar ein russischer Verlag
hatte sich dafür gefunden, der freilich, wie ihm Lennart
angeblich erzählt hatte, nur ein lächerliches, ein im
Grunde nur symbolisches Honorar zu zahlen imstande
war.

Und gerade in den größeren Städten, in den naturfer-
nen Metropolen interessierte man sich für Lennarts
Waldgedanken. Junge Leute vor allem schienen das Buch
zu mögen, als fänden sie Antworten darin auf Fragen,
die ihnen dunkel, niemals ausformuliert, im Sinn liegen mochten. Auf dem Fensterbrett im Lehrerzimmer
des Gymnasiums stapelten sich bald ein halbes Dutzend
Exemplare, Schülern abgenommen, die während des
Unterrichts unter der Bank in den *Waldgedanken* gelesen
hatten.

Zweimal, im Herbst und dann noch einmal in den beiden letzten Januarwochen, war Lennart von Paris bis nach Sankt Petersburg und von der Eismeerküste bis nach Katalonien kreuz und quer durch den Kontinent gereist und hatte fast jeden Abend in überfüllten Bibliotheken, Kulturzentren, Gemeindesälen und Turnhallen aus seinem Erstlingswerk vorgelesen. Er verlas sich oft, und manchmal wurde ihm bewusst, dass er gerade einen Satz bis zur Unverständlichkeit falsch betont hatte. Auch konnte er es sich nicht abgewöhnen, manche Sätze so vorzulesen, als handle es sich um Fragen. Die Menschen saßen versunken um ihn herum, die Arme verschränkt, mit geschlossenen oder ins Leere blickenden Augen, und merkten allem Anschein nach nichts davon.

*

An einem freundlichen Tag Anfang Februar kehrte Lennart von seiner zweiten Lesereise zurück. Als er in seine Wohnung trat, schien durch das Fenster und die Balkontür die knapp über den reifgrauen Baumwipfeln stehende Sonne in einem breiten Streifen ins Arbeitszimmer und beleuchtete die abgewetzten Polster des Sofas, deren Honigfarbe Lennart in diesem Augenblick beinahe schön vorkam. Auf dem großen Schreibtisch gleich rechts neben der Tür erstreckte sich jene weite Fläche, nach der Lennart sich manches Mal gesehnt hatte, an den engen Tischen der Hotelzimmer in Kopenhagen oder München, oder vorher in Hammerfest oder Barcelona. In seiner Erinnerung war dieser Schreibtisch ein Teil der winterstillen Genauigkeit, in der er vor zwei Jahren die ersten Waldgedanken gefasst hatte, in einem gespannten, ja geradezu gespitzten Wachsein, das endlich einmal gar nichts Schreckhaftes hatte.

Die Buchstaben, die er anfangs, an das längere Schreiben mit dem Stift nicht gewöhnt, noch ungelenk mit schwarzer Tinte auf das weiße unlinierte Papier gemalt hatte, korrespondierten auf träumerische Weise mit den Fichtenwipfeln, die draußen düster und spitzig gegen den milchigtrüben Winterhimmel standen. Es waren Momente, in denen die Welt sich ganz ohne Widerstand abschreiben ließ und ganz in den Wörtern aufgehoben war. Vielleicht, hatte Lennart damals überlegt, waren die Wörter doch nicht lediglich von den Menschen zum Zwecke des Austauschs erdacht worden. Womöglich hatte die Sprache ja in der Natur selbst ihren Ursprung.

Freilich war es schon am nächsten Tag mit der Geborgenheit in den eigenen Sätzen vorbei gewesen. Jedes neu hingeschriebene Wort hatte ihn auf einmal nur mehr bedrängt, und jedes Wort, das er sich vorsagte, war ein heiserer Misston, der nichts abbildete, schon gar nicht die schneebedeckten Weiten um ihn her, die es doch auszumessen und durchscheinend zu machen galt. Enttäuscht hatte er das Heft in die Schublade gelegt und es erst Monate später, als der Frühling schon weit fortgeschritten war, wieder hervorgeholt. Er schrieb nun oft im Freien, auf der Bank am Fuße des Grabhügels etwa, oder am liebsten vor Elisabeths Grab.

In seinem Rücken wusste er das aus bunten Steinen zusammengefügte Kirchlein mit den mittelalterlichen Malereien in seinem Innern, über die die Nachmittagssonne wie der Blick eines neugierigen Lesers hinstrich. Unterhalb der kaum hüfthohen Steinmauer schimmerte der See zwischen den Weiden und Birken. Manchmal setzte sich eine Fliege wie ein fremder Buchstabe auf das helle Papier, oder ein Schmetterling ließ sich auf der Oberkante von Elisabeths Grabstein nieder.

Ein fernes Grollen kündigte einen Güterzug mit Fichtenstämmen an, der gleich die Friedhofsstille durchschneiden und für Momente eine Weite erzeugen würde, in der man sein ganzes Leben unterbringen konnte. –

Es dauerte einige Zeit, bis Lennart nach seinen Lesereisen wieder ganz in Sandvika eingegangen war. Am Tag nach seiner Rückkehr wirbelten die ganze Zeit Flocken in der gelbgrauen Luft, bei heftigem Westwind. Über das Eis der Pfützen stob der Schnee als kristallischer Staub. In den Fichten und Föhren rauschte es, als sei man einem Wildbach nahe, und manchmal hörte Lennart wie ferne Schüsse das Brechen von Ästen. Geduckte Radfahrer waren durch das kahle Gehölz hindurch zu sehen. Der rote Mantel einer Spaziergängerin im Wald verblasste nur langsam auf Lennarts Netzhaut.

Am nächsten Tag ließ der Schneefall nach, es klarte auf und der Wind legte sich. Drüben auf dem Schulsportplatz spielten die Jungen am Abend im Flutlicht Eishockey. Als Lennart aus der Helligkeit des Supermarkts hinaustrat auf den verschneiten Parkplatz, suchte sein Blick als Erstes den Himmel ab, an dem schon die nördlichen Sternbilder aufgegangen waren.

Schon am Mittag des folgenden Tages war der Schnee zwischen den Fichten und Birken hinter Lennarts Haus verschwunden, nur im Schatten der Felsblöcke glommen noch ein paar Reste, und weiter drinnen im Wald hatten sich schmutziggraue Eisplatten gebildet, an den Stellen, wo die Bäume im Frühling oft einen halben Meter im Schmelzwasser standen. An den Fichtennadeln hingen blinkende Wassertropfen, der nasse Asphalt der Schulauffahrt gleißte, und über die finsteren Föhrenwipfel zogen rasch weißlichgelbe Wolkentrümmer hinweg. Lennart glaubte es beinahe zu sehen und zu hören – war da im Unterholz nicht hier und da ein schmatzendes Geräusch? –, wie die kleine stechende Sonne langsam und beharrlich die Nässe aus dem weichen Nadelboden sog.

Lennart hielt seine blassen Hände in die Sonne und spürte, wie sie wärmer wurden. Elisabeths Grabstein glänzte vor Feuchtigkeit.

Wie vom Sonnenlicht skelettiert erschienen ihm diese Tauwettertage. Lennart war unruhig inmitten des leblosen und falschen Aufbruchs, der über der ganzen Gegend zu spüren war. Das ruhige Anschauen der immergleichen Dinge, das ihm, wie er glaubte, längst zur Lebensgewohnheit geworden war, ließ sich auf einmal nicht mehr bewerkstelligen. Die Bäume draußen vor dem Arbeitszimmer schienen vielmehr ihn prüfend in den Blick zu nehmen. In der Nacht wachte er davon auf, dass ihm der Vollmond auf eine schamlose Weise mitten ins Gesicht schien. Vom Gleißen des nass gewordenen Eises auf dem See bekam er heftige Kopfschmerzen. An einem glasklaren Abend konnte Lennart den Polarstern nicht entdecken. Im Traum wandte sich Elisabeth auf dem Foto, das er auf dem Schreibtisch stehen hatte, von ihm ab.

Nach seiner ersten Lesetournee hatte Lennart hin und wieder einzelne Reiseeindrücke hervorgeholt und bedacht. Einmal hatte er auf dem Montjuic unterhalb des Kastells gestanden und auf den Hafen von Barcelona hinuntergeschaut, auf die scheinbar sinnlos über eine weite Fläche verstreuten blauen und orangefarbenen Container, und er hatte das Gefühl, dass dieser Anblick erst zu einer inneren Gewissheit würde, wenn er sich in Sandvika an ihn erinnerte, ihn vor Elisabeths Grab in der Spätnachmittagssonne sitzend wieder herstellte, oder wenn er ihn Lukas vorbuchstabierte. Und als er kurz danach auf einem Parkplatz all die Ausflügler sah, die neben ihren Autos auf Klappstühlen saßen und die Zeitung lasen, hörte er Lukas sagen: Und die Leute in Barcelona nehmen also ihre Wellensittiche mit auf den Sonntagsausflug?

Und er hatte ihm geantwortet: Wenn ich es dir sage. Da sitzen sie so auf ihren Stühlen in gebührendem Abstand voneinander, lesen die Zeitung, und der ganze Parkplatz ist auf eine gespenstische Weise erfüllt von dem Durcheinandertschilpen und -zwitschern der Wellensittiche in den Käfigen, die sie auf die Autodächer gestellt haben.

Lukas würde einen tiefen Zug aus seinem Weinglas nehmen und mit seinen dunkelbraunen Augen schweigend vor sich hinsehen, mit dem ihn kennzeichnenden Ausdruck, in dem Nachdenklichkeit und Unglauben und Staunen ununterscheidbar waren.

Oder Lennart erinnerte sich, wie er in Kirkenes angekommen war. Als das Flugzeug irgendwo hinter dem Inarisee im äußersten Nordosten Finnlands langsam an Höhe verlor und die Wolkendecke durchstieß, entwickelte sich aus den vergehenden Dämpfen eine zerklüftete, seltsam farblose Gegend aus teils kahlen, teils überwachsenen Felsrücken. Kleinere Seen blinkten hier und da wie Spiegelscherben auf, oder der glitzernde Faden eines Flusses wand sich durch die Schattenlandschaft, deren Meeresgrenze schon bald sichtbar wurde. An vielen Stellen lief der Fels in dreieckigen Vorsprüngen oder in Zungen in den metallisch glänzenden Fjord aus. Andernorts fielen Klippen, um die Möwenschwärme kreisten, in die See ab. Um den Fjord herum lief eine Straße, dem Anschein nach ganz ohne Verkehr.

Die ganze Szenerie war in jenes finstergraue Blaulicht getaucht, in dem nördliche Küstenstriche unter Schauerwolken oftmals erscheinen. Etwas Urzeitliches und beinahe Andersweltliches war über dieses karge Regenland gebreitet, und Lennart hatte an die Abbildungen in einem Dinosaurierbuch denken müssen, in das er sich als Kind einmal einen ganzen Sommer lang hineingeträumt hatte, wobei ihn damals die grünlichen Riesenechsen viel weniger beschäftigt hatten als die im Hintergrund der Abbildungen aufscheinende, in einem tropengrauen Dunstlicht verschwimmende Vorwelt.

Es hatte heller Sonnenschein über dem Flughafengelände und der gesamten Fjordlandschaft gelegen, und gleichzeitig hatte es geregnet, beständig und unbeirrbar, während der fast leere Flughafenbus die sich um die Højbukta-Bucht windende Straße nach Kirkenes entlangfuhr. Vor dem bleistiftgrauen Hintergrund zogen die von der Sonne silbrig durchleuchteten Regenschleier, die kurzzeitig, vielleicht in einer Seebrise, in leise Wallung gerieten. Über dem Wasser wölbte sich ein Regenbogen von einer Tieffarbigkeit, wie Lennart sie nie zuvor gesehen hatte. So sehr ähnelte der Bogen einem gläsernen Artefakt, dass er durch ihn hindurch, an dem fernen Fels des anderen Ufers, einen roten, gelben, grünen Widerschein wahrzunehmen meinte.

In den Tagen nach Lennarts zweiter Rückkehr aber kamen die Erinnerungen immer wieder als ermüdende Reizflut. Ein von allzu vielen Menschen, Dingen, Vorkommnissen und Unternehmungen belasteter und auch schon deutlich geschwächter Planet, nichts anderes schien ihm die Erde in der Rückschau auf seine Reise zu sein.

Die winzigkleine alte Frau, die im Zentrum von Sankt Petersburg in der Dezemberkälte auf dem Trottoir vor einem westlichen Kaufhaus saß, vor sich auf einem Tuch ein Dutzend halberfrorener Rüben. Der Kindersarg zwischen den Gepäckstücken, die in Hammerfest aus dem von Norden kommenden Boot der Hurtigroute getragen wurden. Dann in Barcelona das verzweifelte Tschilpen der Sittiche in den Käfigen auf der Rambla. In München die meterhohen Flammen, die in der Nacht aus den Fenstern des Hauses gegenüber dem Hotel schlugen. Die Fernsehbilder von einem Flugzeugabsturz im Iran, konsumiert in der Nacht in einem Kopenhagener Hotelzimmer mit weißen Möbeln wie auf einem Gemälde von Vilhelm Hammershøi. Die einäugige junge Frau in der ersten Reihe bei der Lesung in Oslo: die augenlose Höhle überwachsen mit einem bläulich schimmernden Häutchen.

Lennart hielt es in der Wohnung nicht aus, aber auch die schlammige Uferpromenade und der in der dünnen Wintersonne nahezu unendlich erscheinende Bahnhofsplatz sagten ihm nichts; quälend lächerlich das auf ewig in seiner Bewegung erstarrte steinerne Tanzpaar mit den weißen Möwenkotflecken auf den Köpfen. Und der Grabhügel war gar nicht zu erreichen, da einem auf dem sanft ansteigenden Gelände überall lehmbraunes Schmelzwasser entgegenströmte und teichartige Pfützen bildete.

Lukas lag mit einer starken Verkühlung im Bett und schaute mit fiebermatten braunen Augen zur Zimmerdecke empor, deren Risse ihm als die Flüsse einer fernen Landschaft erscheinen wollten. Lennart kaufte Aspirin und kochte schwarzen Tee, aber reden konnte man mit Lukas in diesem Zustand nicht. Schließlich dachte Lennart sogar daran, mit dem Zug nach Stockholm zu fahren und dort auf bessere Tage zu warten.

Plötzlich änderte sich dann das Wetter: Eines Morgens lag ein milchiger Dunst in der Luft, in dem schon die nächsten Bäume in einem seltsam stofflosen Fernblau standen, und der diffuse Sonnenfleck, obwohl er schon ein gutes Stück über dem Dach des Schulhauses schwebte, war noch immer von rötlicher Färbung. Obgleich vollkommene Windstille herrschte, war es viel kälter geworden. Lennart wusste, dass diese Zeichen auf Schnee deuteten, und wirklich begann es noch am Vormittag zu schneien. Lange waren es nur vereinzelte Flocken, die trotz der Stille in der kalt gewordenen Luft herumtaumelten und sich wie zögernd auf Lennarts dunkle Ärmel legten. Dann wurde der Schneefall dichter, ließ das Schulhaus nurmehr als einen schwachroten Umriss durchscheinen, bestäubte lautlos die graugrünen Fichten, bedeckte den Nadelboden, die Auffahrt zur Schule, die weite Sportplatzfläche, versah Zäune und Laternen mit hohen Hauben und begrub die Schmelzwasserströme um den Grabhügel, die schon am Morgen zu vereisen begonnen hatten, unter tiefem und geräuschlosem Weiß.

Es dämmerte schon, als Lennart um den Grabhügel herumging, der sich schemenhaft im Flockenwirbel abzeichnete, und das Knarzen seiner Schritte in dem lockeren Schneepulver war der einzige Laut auf dieser Welt, die Lennart jetzt wieder schützend in sich eingeschlossen hatte.

Lennart wusste, dass der vor mehr als zweitausendfünfhundert Jahren in dem Hügel bestattete Mensch nur mehr eine Kinderfaust voll Moder war, wenn überhaupt, und dass auch das hölzerne Gehäuse, mit dem man ihn umgeben hatte, längst zur Gänze zerfallen war. Doch in dem kurzen Augenblick, bis ihm dann Grasbergs vorgeschichtliche Erläuterungen vor Augen traten, sah Lennart den Hügelbewohner, eine Frau mit fremdschwarzem Haar und fragenden blauen Augen, im Schein einer kleinen Nachttischlampe inmitten der Hügelfinsternis sitzen und mit vor Aufmerksamkeit gerunzelter Stirn die Seite eines Buches wenden. Dass es jenseits des von allerlei Tieren und Dingen durchwirkten Erdhimmels, der die Leserin in ihrer Behausung umwölbte, eine grenzenlos in alle Richtungen sich verströmende Welt gebe, war dieser Frau seit Jahrhunderten schon entfallen, und nur in kurzen Stunden, die ohne Belang waren inmitten der Unendlichkeit ihres Hügelaufenthalts, mochte es ihr wieder in den Sinn kommen. Dann entschloss sie sich zu einem kurzen Gang durch diese andere Welt, versuchte deren seltsam harte Straßen, legte die ungefähr gerade üblichen Kleider an, besah sich die Häuser, die man in diese Welt hineingebaut hatte, und setzte sich vielleicht auch einmal für einen Augenblick zu den Menschen dazu, die diese ferne Welt bevölkerten.

*

Den Schuldienst hatte der Erfolgsschriftsteller, der Lennart über Nacht geworden war, noch vor Beginn seiner Lesereise quittiert, was von einigen der Kollegen, insbesondere aber von Frau Ström, sehr begrüßt wurde.

Ein Segen ist das für unsere Schule, verkündete sie streng im Lehrerzimmer, und die Kollegen nickten zerstreut, wenn sie sich auch ihrer Sache nicht ganz so sicher sein mochten wie Frau Ström.

Wer nun gedacht hatte, die Tuchfühlung mit der Welt, die Anerkennung durch viele Menschen in den unterschiedlichsten Ländern würde Lennart verändern, würde ihn wieder enger an die Menschheit anschließen, der sah sich getäuscht. Nach seiner Heimkehr von der Lesereise nahm er sein zurückgezogenes Leben gleich wieder auf, so als sei gar nichts vorgefallen, nur dass er sich jetzt, von seiner Lehrtätigkeit entbunden, womöglich noch ausschließlicher in seiner eigenen schweigsamen Welt einrichtete.

Manche Leute schienen Lennart regelrecht zu fürchten, als ob er aus seinem Alleinsein heraus eines Tages einen unerwarteten, fürchterlichen Streich ausführen könne.

Es kam in den Monaten nach seiner zweiten Lesereise vor, dass Lennart außer zu den Lukas-Abenden wochenlang kaum die Wohnung verließ, höchstens kurz vor Ladenschluss noch im Supermarkt auftauchte oder von Grasberg bei seinen Abendspaziergängen mit Cato dabei beobachtet wurde, wie er hinter den Fenstern eines hell erleuchteten Klassenzimmers auf und abging; den Schlüssel zur Schule hatte er nie zurückgegeben. Auch an Elisabeths Grab saß er in dieser Zeit nur selten.

An anderen Tagen wiederum schien Lennart vom frühen Morgen bis zur letzten Abenddämmerung in den Wäldern herumzuwandern, die sich nördlich und westlich des Sees ausdehnten und in eine nahezu unbewohnte

Hügelgegend übergingen. Vollkommen unbeeindruckt von der gerade herrschenden Witterung arbeitete er sich durch die in dieser Gegend von nur noch angedeuteten Pfaden durchzogene Wildnis, blickte von Anhöhen auf ferne, glänzende, in die Landschaft eingelassene Seen, sah Sandvika weit weg im Sonnendunst verschwimmen, beobachtete, wie im Westen eine graublaue Wolkenbank aufzog und die Landschaft unter sich verdunkelte. Er hörte den Regen auf das Blattwerk fallen, ein fahles Rauschen im Hintergrund, ein Plätschern, Perlen und Tropfen in der Nähe. Im Gras krochen Nacktschnecken, auf den Blättern der Büsche krümmten sich die schwarz-gelben Raupen des Kohlweißlings. Krähen flogen lautlos und schattenhaft über die blühenden Waldwiesen. Später im Jahr besah er sich die weißen und safranfarbenen Pilze, die aus dem feuchtschwarzen Waldboden geschossen waren, und aß von den Blaubeeren und den Preiselbeeren, die auf den Lichtungen hervorleuchteten.

Wenn Lennart sich wieder erhob, konnten am anderen Ende der Lichtung Rehe äsen, gepunktete Kitze zwischen den ausgewachsenen Tieren, dem Anschein nach in vollkommener Versunkenheit. Er sah, wie die Tropfen nach einem augenblickskurzen Regenschauer an den Fichtennadeln blinkten oder langsam über die Hagebutten am Waldrand rollten und wie die Sonnentupfer auf dem Nadelboden und an den Stämmen zu flirren und zu schwanken begannen, wenn der Wind oben in das Geäst fuhr. Regte sich sonst etwas um Lennart herum, war es wohl nur ein Hase oder ein Eichhörnchen oder ein später Schmetterling, der schon ganz niedrig über den Halmen dahintaumelte, oder es sprühte auf einmal ein Schwarm zwitschernder kleiner Vögel aus dem Unterholz hervor und war im nächsten Augenblick verschwunden.

Wahrscheinlich waren Lennart nach all den Jahren, in denen er unermüdlich die Umgebung durchwandert hatte, mit seltenen Blumen überwachsene Lichtungen, dunkle Waldteiche, seit Generationen aufgegebene Jagdhütten und sogar vorgeschichtliche Siedlungsspuren vertraut, von deren Vorhandensein niemand sonst etwas wusste, nicht einmal Grasberg, und die in keiner Karte eingetragen, in keinem Fachbuch erwähnt waren. Auch auf diesen Wanderungen trug Lennart die unvermeidliche Aktentasche mit sich, und stets hatte er auch da seinen dunklen Anzug an, ganz so, als wolle er damit die Tiere des Waldes ehren, wie Grasberg spottete.

*

Lennart tauchte auch nach dem Ende seiner Laufbahn als Lehrer noch öfter in der Schule auf, von der er ja nur wenige hundert Meter entfernt wohnte. Morgens waren oft Fußspuren im über Nacht gefallenen Schnee auf dem Schulhof zu sehen, und von wem sollten diese schon stammen, wenn nicht von Lennart? Wie ein Wiedergänger wanderte er manchmal durch die gebohnerten Korridore und betrachtete die von den Schülern gemalten Bilder, die man zur Verschönerung an die Wände gehängt hatte, oder er studierte lächelnd, mit schief gelegtem Kopf, die Anschläge am Schwarzen Brett.

Bei schönem Wetter saß er oft lange auf der mittlerweile schon halb zugewachsenen Bank im Schulgarten, beobachtete die Hummeln und Bienen über den Beeten und lauschte auf die Stimmen der Schüler und Lehrer, die durch die offenen Fenster zu hören waren. Die kleineren Schüler gaben dem Lehrer manchmal im Chor Antwort. Hin und wieder rannte ein Eichhörnchen von dem Stamm der Linde herunter und verschwand, irgendeine Frucht zwischen den Vorderpfoten haltend, im Dickicht, und auf der niedrigen Einzäunung saß eine Elster und spähte in den Garten, ob es da nicht etwas zu holen gäbe.

Manchmal konnte man Lennart auch nachdenklich, von Zeit zu Zeit den Kopf schüttelnd, im Schulgarten auf und ab gehen sehen, als wälze er in seinem Kopf immer noch die großen Pläne, wie der inzwischen ganz verwilderte Garten vollkommen umzugestalten sei. Dass der Garten bald abgeholzt und eingeebnet würde, weil hier wie überall im Land die noch verbliebenen Schulgärten in Lehrerparkplätze umgewandelt wurden, hatte ihm niemand erzählt.

Lennart unterhielt sich anfangs hin und wieder an den Nachmittagen im Lehrerzimmer mit den zwei, drei Kollegen, die ihm von früher her noch ein wenig nahestanden, vor allem mit dem mittlerweile schon recht grau und kahl gewordenen Grasberg, mit dem er einst den Schuldienst in Sandvika aufgenommen hatte, am Anbeginn der Zeiten, wie sie diesen inzwischen scheinbar gar nicht mehr weiter in die Vergangenheitstiefe zurückweichenden Tag ihres Lebens nannten. Manchmal sah man die beiden auch auf den Wald- und Feldwegen der Umgegend schweigend miteinander spazieren gehen; Grasbergs hoch aufgeschossene, hagere Gestalt und neben ihm der korpulente und kaum mittelgroße Lennart, und Grasbergs schmutziggrauer Pudel Cato trabte ergeben ein Stück hinter ihnen her.

Auch sprach Lennart seit einiger Zeit gern mit Frau van Straaten, einer jungen und überaus ansehnlichen Englischlehrerin mit auffallend kleinen und zarten Füßen; er unternahm mit ihr weite Spaziergänge am Seeufer entlang und in die Wälder hinauf. Es kam auch vor, dass sie oben auf dem Grabhügel saßen; Lennart zeigte ihr dann, dass die um den Hügel herum im Gras liegenden Steine nicht vom blinden Zufall ausgestreut, sondern von sehr fernen Menschen mit Bedacht dorthin gelegt worden waren. Dann schauten sie auf die gelben Felder hinaus, die in der Ferne von blaugrauen Wäldern begrenzt wurden, versuchten eine Lerche zu entdecken, die irgendwo über ihnen im Luftraum trillerte, und Lennart und vielleicht auch Frau van Straaten dachten an das Wesen, das seit Jahrtausenden in diesem Hügel geborgen war.

Einmal sollen sie sogar gemeinsam übers Wochenende mit dem Zug nach Stockholm gefahren sein und eine Ausstellung über den dänischen Maler Vilhelm Hammershøi besucht haben. Die Kollegen begriffen durchaus nicht, was die bildhübsche Frau van Straaten an Lennart, diesem alten Waldschrat, finden mochte; inzwischen hatte dieser ja auch seinen zweifelhaften literarischen Ruhm völlig aufgebraucht. Ersetzte er ihr etwa den Vater? Grasberg indessen behauptete, Frau van Straaten sehe Lennarts Frau ähnlich. Das halblange rötlichbraune Haar, die dazu so merkwürdig stimmenden fahlgrünen Augen über den hohen Wangenknochen, und auch, dass sie so gerne von ihrer Kindheit erzählte, all das erinnere ihn stark an die arme Elisabeth. Frau van Straaten fühlte sich aber nicht wohl in Sandvika, es war ihr zu einförmig und zu gedankenlos, und dieser entsetzliche See räume ihr nach und nach den Kopf leer, wie sie sich, etwas angetrunken, auf der Weihnachtsfeier hatte hören lassen. Schon nach einem Jahr ließ sie sich in die Kreisstadt versetzen, und Lennart vergaß sie wieder, zumal auch sein Telefon schon seit längerer Zeit nicht mehr funktionierte.

*

111

Dass Lennart Jahre nach seinem Abschied aus dem Dienst noch immer einen Schlüssel zur Schule besaß und abends und an den Sonntagen im Haus herumgeisterte, fanden viele Kollegen merkwürdig, ja unpassend, doch niemand ging je so weit, sich darüber zu beschweren oder sonst etwas dagegen zu unternehmen. Immerhin hielt der alte, irgendwie seit vielen Jahren schon kurz vor der Pensionierung stehende Rektor, ohne dass er freilich näheren Umgang mit ihm gehabt hätte, aus irgendwelchen Gründen große Stücke auf Lennart, erzählte ihm einmal auf der Straße lange von seinem *schwierigen* Sohn, der in Göteborg eine Bank ausgeraubt hatte, zum wiederholten Male, und nun eine langjährige Freiheitsstrafe verbüßte.

Und schließlich störte Lennart im Grunde ja niemanden, lasst ihn nur in Frieden! Den meisten Lehrern schien er mittlerweile aus dem Weg zu gehen. Es lag ihm fern, die Menschen in Sandvika zu beirren. Er war nichts weiter als ein harmloser Kauz, wie sie wahrscheinlich in jeder Stadt zu finden waren, eine Randfigur, die niemandem einen Schrecken einjagte, eher selbst leicht erschrak. Seit er kein Lehrer mehr war, begegnete Lennart sogar den Schülern der unteren Klassen mit einer etwas steifen Höflichkeit, welche die Kinder belustigte, zugleich aber auch beeindruckte.

Die Kinder empfanden allem Anschein nach eine gewisse Achtung vor Lennart, obwohl selbst die Älteren un-

112

ter ihnen schon kaum mehr wussten, dass er einmal an ihrer Schule Kunst und auch ein wenig Religion unterrichtet hatte. Selbst von den frechsten und am meisten zu üblen Streichen aufgelegten Schülern hatte Lennart nichts zu befürchten. Und wenn die Kleinen doch einmal an einem Frühlingsmorgen in der Pause Niespulver im Schulgarten ausschütteten, so taten sie es nicht so sehr, um Lennart auf seiner Bank zu ärgern. Sie wünschten vielmehr, dass er spüren möge, was sie spürten oder zu spüren glaubten. Sie wünschten, dieser stille, dunkel gekleidete Mann möge aufwachen und zurückkommen und mittun in der Welt. Die Kinder hätten aber gar nicht sagen können, wie die entscheidende Veränderung, die sie sich von Lennarts Eingreifen in die Welt erwarteten, denn aussehen sollte.

*

Noch immer sitzt Lennart in der warmen Jahreszeit oft auf seinem weißen Klappstuhl in der Nachmittagssonne vor Elisabeths Grab. Zwei, drei Stunden kann er da sitzen und vor sich hinsehen, ohne einmal aufzustehen. Seine Aktentasche, ohne die ihn wohl noch niemand je gesehen hat, steht neben ihm im kurz geschorenen Friedhofsgras. Das Leder ist alt und rissig geworden, die metallenen Schließen sind von kleinen Rostpunkten übersät.

Lennart ist inzwischen schon etwas über fünfzig, aber die weißen Bartstoppeln am Kinn und das grau gewordene, über der Stirn nun doch schon deutlich gelichtete Haar lassen ihn eher noch älter erscheinen. Und obwohl er seit vielen Jahren nur mehr wenig zu sich nimmt, ist Lennart wohl noch schwerer geworden und gerät wie eh und je leicht ins Schwitzen, zumal er selbst in der größten Sommerhitze nach wie vor einen dunklen, nicht eben modischen Anzug trägt. So sitzt er auf seinem Klappstuhl, ein blinder Fleck in der leuchtenden Natur und doch zugleich ein Teil von ihr, die überraschend feingliedrigen Hände auf den Oberschenkeln. Manchmal sinkt sein Kinn auf die Brust, und er schließt die Augen; ob er aber wirklich schläft, lässt sich kaum entscheiden.

Dass diese eigenartige, ganz und gar in sich gekehrte Gestalt einmal ein allseits beliebter, von vielen Schülerinnen angehimmelter Lehrer für Kunst und Religion gewesen ist, dass er kurz davor stand, ein Familienvater wie all die anderen zu werden, wissen die meisten gar nicht mehr. Sie kennen ihn nur als den dunkel angezogenen wunderlichen Mann, den man immer durch die Straßen von Sandvika wandern sieht, sommers wie winters, den man an der Uferpromenade oder auf dem Friedhof trifft, oder auf dem Lehrerparkplatz des Gymnasiums, wo er sonntags manchmal stundenlang auf und ab geht und sich immer wieder umsieht, als suche er etwas.

Nur der hagere Grasberg, der all die Jahre nicht müde

geworden ist, den immer neu nachwachsenden Schülern Geschichtsunterricht zu erteilen, kann sich noch gut an diese lang versunkenen Zeiten erinnern, als sie Kollegen waren, er und Lennart, und nachmittags gemeinsam über die Felder spaziert waren. Wenn Grasberg auf der Lehrerweihnachtsfeier etwas zu viel getrunken hat, beginnt er von Lennarts verrücktem Buch zu erzählen, diesem ungeheuren weltweiten Verkaufserfolg, den in mehr als ein halbes Dutzend Sprachen übersetzten *Waldgedanken*. Aber wenn dieses Buch damals so bedeutsam war, wie kommt es dann, fragen die jüngeren Lehrer den grauen Kollegen, dass sich im Internet nicht die geringste Spur davon findet, so als ob dieses Buch niemals geschrieben, ja die darin enthaltenen Gedanken niemals gedacht worden wären?

Früher hat Lennart an Elisabeths Grab gelesen und gearbeitet, er hat Textstellen unterstrichen und sich Notizen gemacht, die er dann, wenn er es nicht vergaß, in seine Aktentasche gestopft hatte. Den größten Teil seiner *Waldgedanken* hat er in Wahrheit hier oben auf dem Friedhof ausgebrütet, und auch in den Jahren danach konnte man den Eindruck gewinnen, er arbeite an einem großen Werk, zu dem es freilich niemals gekommen ist. Das ist lange her. Heute sitzt er einfach nur ruhig da auf seinem Klappstuhl, diesem erstaunlich beständigen Möbel, das früher einmal zu den Beständen des Gymnasiums gehört hat. Er betrachtet, die Beine gekreuzt, den einfachen Grabstein vor sich, auf dem die vom Birkenlaub zerstreute Spätnachmittagssonne zittert. Die Hummeln, die von Zeit zu Zeit um ihn herumkreisen, scheint er kaum wahrzunehmen, noch weniger die Möwen, die hin und wieder ihren weißen Kot in das Gras oder auf einen Grabstein fallen lassen.

Seit einiger Zeit breiten sich auf dem Grabstein karminrote Flechten aus, die in der Nachmittagssonne beinahe wie Lava leuchten: Anfangs waren sie nur im Gemäuer der Kirche zu sehen, zunächst an der Südwand, dann auch im Osten und Westen, schließlich aber griffen sie auf mehrere der Grabsteine über. Die Flechten erinnern Lennart an Sonnenuntergänge in einem lang zurückliegenden Winter, die er mit Elisabeth erlebt hat, und an eine Frau, die er als kleiner Junge einmal durch halb Södermalm verfolgt hat, nur wegen ihres schönen Kleides, und sie erinnern ihn an Hausdächer auf ungezählten Kinderbildern. Und dann gibt es da noch ein Kindheitsbild vom Garten der Großeltern, das so sehr vom Glührot der Beeren in der mächtigen Eberesche überstrahlt wird, dass in dieser Erinnerung alles wie auf einem Rötelbild in verschieden intensive Töne von Hellrot getaucht erscheint: der Rasen, die Hauswand im Hintergrund, die Gartenstühle, die kleine Elsalill mit ihrem Strohhut, wie sie in der warmen Herbstsonne im Gras herumkrabbelt.

Lennart hätte gern mit Lukas einmal über diese eigenartigen Flechten gesprochen, die sich von Jahr zu Jahr mehr ausbreiten und vielleicht irgendwann den ganzen Friedhof mitsamt dem Kirchlein überzogen haben werden, oder sich gar über die gesamte Stadt ausbreiten. Lukas aber antwortet nicht mehr, denn er liegt nur ein paar Meter entfernt von Elisabeths Grab unter einem schlichten Stein aus grauem Schiefer, auf dem die Flechten bisher keinen Halt haben finden können. Schon vor ein paar Jahren ist Lukas gestorben; er hat wohl dem Wein zuviel zugesprochen. Nachdem zuletzt gerade noch ein halbes Dutzend Leute sich zu seinen Gottesdiensten versammelt und seine immer verwirrteren und versponneneren Predigten angehört hatte, zog die Kirchenverwaltung, kaum war Lukas unter die Erde gebracht, die Pfarrei kurzerhand ein, so dass in dem alten Kirchlein auf dem Hügel heute nur noch gelegentlich Hochzeiten stattfinden, durchgeführt von dem Pfarrer der viel größeren Gemeinde im Stadtzentrum.

Noch immer ist es hier oben auf dem Friedhof sehr still, wenn nicht gerade vom Bahndamm unten das Rattern eines durchfahrenden Zugs zu hören ist. Es ist eine alte, leise sausende Stille, die sich über Jahrhunderte aufgebaut und sich immer mehr von jedem Geräusch der Zeit gereinigt hat. Lennart meint zu hören, wie sie um die aus verschiedenfarbigen Steinen zusammengesetzte Mauer der Kirche streicht. Ringsum entstehen neue Menschen, werden geboren und durchlaufen unmerklich die verschiedenen für das menschliche Individuum vorgesehenen Entwicklungsstufen, wieder andere werden älter und älter, und wieder andere werden einfach vom Erdboden verschluckt, von einem Tag auf den anderen, geht es Lennart durch den Kopf, während er sich auf dem Klappstuhl zurücklehnt und blinzelnd in das im Spätsommerwind rieselnde und zischende Birkenlaub hinaufschaut. Nur die Natur dreht jedes Jahr die Uhr zurück und lässt alles von neuem abschnurren.

Nachdem er so lange da gesessen hat, bis der Friedhof ganz in bläulichen Schatten versinkt, die Lichttupfer an den Birkenstämmen verschwunden und die Grabsteine erloschen sind und nur der gedrungene Kirchturm noch im kupferfarbenen Sonnenlicht liegt, klappt Lennart den Stuhl zusammen, geht langsam durch das weiche blaugrüne Gras zum Eingangsportal und stellt das seit Jahrzehnten bewährte Plastikmöbel in eine Ecke des Waffenhauses. Seitdem die Kirche kaum mehr ein lebendiges Gotteshaus ist, sondern sich mehr und mehr in ein verwahrlostes Museum verwandelt, sammelt sich in diesem Vorraum immer mehr Unrat: ein zerbrochenes Gestell für fromme Broschüren, eine Großpackung Altarkerzen, zwei zerfetzte Regenschirme, ein Paar alter Schuhe und ein Stapel weinroter Gebetbücher, die aus irgendeinem Grund alle durchnässt sind und einen scharfen Schimmelgeruch verbreiten.

Mit der Aktentasche in der Hand durchmisst Lennart

gemächlich und würdevoll den Friedhof, auf dem schon seit ein paar Jahren niemand mehr bestattet worden ist: Beinahe könnte man ihn selbst für einen Geistlichen halten. Als er an Lukas' Grab vorbeikommt, hebt er kaum merklich die Hand zum Gruß und tritt durch den schmalen gotischen Torbogen auf den Weg, der den Grashang hinunter zum Seeufer führt.

Ein paar hundert Meter weit folgt Lennart dann der Uferpromenade. An schönen Spätsommerabenden wie heute ist der See übersät mit weißen Segeldreiecken, auch der Ruderbootverleih macht an solchen Tagen gute Geschäfte. Das Gelächter und Gekreische über der Uferpromenade, die erstickten Rufe über dem weiten Wasser. Die bewaldete Hügelkette auf der anderen Seite sieht in der letzten Sonne wie mit schwarzgrünem Samt überzogen aus. Möwen und Krähen fliegen über der Parkanlage durcheinander. Die Wellen schwappen leise gegen die beinahe weißen Kiesel am Ufer. Eine junge Frau mit langen schwarzen Locken füttert einen schneeweißen Schwan.

Schließlich biegt Lennart in die dämmernden Kleinstadtstraßen ein. Gar nicht weit entfernt rollt gemächlich ein Güterzug durch die Stadt, über die Bahnübergänge mit den ordnungsgemäß herabgelassenen Schranken: Noch immer werden aus dieser entlegenen Waldgegend Fichtenstämme in die Welt hinaustransportiert.

Manchmal steht beiläufig schon die Mondsichel über

dem Wipfel eines Gartenobstbaums, wenn Lennart durch die stillen Straßen geht. Auf dem Rasen vor den Veranden der Eigenheime liegt Spielzeug herum, dessen Farben im Abendlicht ungewiss werden, während in den nach Westen gehenden Dachgeschossfenstern noch die Sonne widerscheint. Die Wäsche ist überall schon von der Leine genommen worden: Von den bunten Wäscheklammern stechen nurmehr die gelben und weißen hervor. Rauchschwalben flitzen durch die Dämmerung, wie Sehstörungen. Ihre hohen, aufgeregten Rufe gehören wie wenige andere Geräusche in Lennarts Kindheit.

Hier und da brennt in einem Zimmer bereits eine Lampe, aber es ist noch nicht dunkel genug, als dass das Licht die Fensterviereck ausfüllen und die Regale und Schränke in den Zimmern sichtbar machen würde. Kinderstimmen und das Klappern von Geschirr dringen heraus, dazwischen auch die verwascheneren Stimmen aus den Fernsehern. Die Fernsehgeräte sind erschreckend groß geworden in den allerletzten Jahren: Hinter einem Fenster auf der anderen Seite der Straße kann Lennart deutlich erkennen, wie ein Mann einen anderen am Kragen packt und gegen eine Wand drückt, bis das Bild umspringt und ein türkisfarbenes Meer hinter einem weißen Strand zeigt. Lennart fragt sich, ob die Wirklichkeit inzwischen wohl so viele Einzelheiten aufweist, dass man sie auf viel größeren Bildschirmen darstellen muss als früher.

Manche Familien nehmen das Abendbrot draußen auf der Veranda oder im Garten ein. Die Väter haben ihre Krawatten abgenommen, ihre Hemden leuchten weiß im letzten Abendlicht. Beim Essen wird wohl besprochen, was sich tagsüber im Büro und in der Schule zugetragen hat und was am Abend im Fernsehen gezeigt wird. Lennart kann die Stimmen der Eigenheimbewohner hören, nicht aber, was sie sagen.

Ab und zu bleibt er stehen, stellt die Tasche auf dem Trottoir ab und starrt lange in das Blätterdunkel eines Buschs, in dem sich vielleicht ein kleiner Vogel regt. Ein vielfarbiger Schmetterling setzt sich auf seinen erhobenen Finger, spreizt die Flügel und ist im nächsten Augenblick wieder verschwunden. Ein Igel huscht verstohlen über die Straße und zwängt sich unter einem Gartenzaun hindurch. Der Bürgersteig ist übersät von den Fruchtfleischflecken der Gartenkirschen und der Gartenpflaumen. Ein andermal, etwas später im Jahr, hört Lennart einen Apfel aus einem Baum fallen: erst das Rascheln und Knistern, als die Frucht sich ihren Weg durch das Blattwerk bahnt, dann das einem vereinzelten Herzschlag ähnelnde Geräusch, als der Apfel im Gras aufprallt. Vielleicht knüpft Lennart an dieses Geräusch Erinnerungen, etwa wie er damals, das Ohr an Elisabeths Bauch gepresst, den Herzschlag ihres Kindes hatte hören wollen. Er hatte gar nichts gehört, so wie er als Kind auch nie das angebliche Rauschen des Meeres in den Muscheln hat hören können, aber er hatte so getan, um Elisabeth nicht zu enttäuschen. Vielleicht denkt er aber auch nichts anderes, als dass es bald dunkel wird und eine sternenklare kühle Nacht zu erwarten ist.

Manchmal geht Lennart dann bald in seine Wohnung hinauf und setzt sich an den großen Schreibtisch, der leer ist bis auf das Bild von Elisabeth in dem Stellrahmen. Es zeigt eine junge Frau von etwa fünfundzwanzig Jahren mit schulterlangen braunen, leicht ins Rötliche spielenden Haaren. Im Hintergrund sind Bücherregale zu erkennen; das Bild ist an Elisabeths Arbeitsplatz aufgenommen worden. Die graugrünen Augen sind unverwandt auf den Betrachter gerichtet. Merkwürdig geräumig erscheint ihm ihr Gesicht noch immer, es hätte gut und gern ein zweites Augenpaar darin Platz. Auf dem kleinen Mund der Anflug eines Schmunzelns, als sei ihr gerade etwas eingefallen.

Später sitzt Lennart in der Küche an dem mit einer Wachstuchdecke belegten Tisch am Fenster und sieht auf die beleuchtete Schulauffahrt hinaus, die im Regen glänzt, tief verschneit ist, oder über die der Nachtwind ein paar gelbe Birkenblätter fegt: Es kommt ganz auf die Jahreszeit an, aber die Reglosigkeit da draußen ist stets die gleiche. Sie schwebt über allen Jahreszeiten. Lennart lauscht dem Wetterbericht im Radio, der wie immer schon in einer Art teilnahmslosen Eindringlichkeit verlesen wird: die längste Fortsetzungsgeschichte, die jemals erzählt wurde. Eine Geschichte, in der jeder und niemand vorkommt, denkt Lennart, die gesamte Menschheit ist auf die unscheinbarste und doch auch wieder deutlichste Weise in sie verwickelt.

Es kommt aber auch vor, dass Lennart lange nach Einbruch der Dunkelheit noch unterwegs ist, in den stillen Wohnstraßen oder am Seeufer herumgeht oder lange das steinerne Tanzpaar auf dem Bahnhofsplatz ansieht oder auf einer Bank am Waldrand sitzt, um die oft die Glühwürmchen herumschweben und in der Spätsommerfinsternis die verschiedenen Blüten-, Nadel- und Kräutergerüche immer deutlicher unterscheidbar werden. Manchmal begegnet ihm Grasberg, der spät am Abend immer noch einmal mit seinem schmutzig-grauen Pudel Cato II. spazieren geht und die eine oder andere Zigarette raucht. Mit den Jahren scheint Grasberg beinahe noch größer und hagerer geworden zu sein, und er hat eine spiegelnde Glatze. Er trägt auf seinen Abendgängen meist die grellrote, trotz seiner Körperlänge immer noch viel zu lange Wolljacke, die ihm Pernilla zu seinem fünfundfünfzigsten Geburtstag gestrickt hat. Denn Grasberg ist seit gut zwei Jahren nicht mehr Junggeselle: Über eine Bekanntschaftsanzeige hat er Pernilla gefunden, Elisabeths Nachfolgerin in der Bibliothek.

Wie geht es deiner werten Gemahlin?, kann Lennart fragen. Habt ihr es gut miteinander?

Du hast leicht lachen, Lennart, kann Grasberg mit saurer Miene antworten.

Im Schein der Straßenlaternen gehen sie eine Weile nebeneinander her. Grasbergs rote Jacke schimmert weithin durch die Bäume hindurch, Lennarts Gestalt aber scheint sich in der Dunkelheit fast aufzulösen. Man hört nichts als das kratzende Geräusch, wenn im Nachtwind die Birkenblätter über den Asphalt fegen, oder das Fauchen einer Katze in der Ferne. Auch der Pudel gibt kaum je einen Laut von sich, nur manchmal meint man das Klingeln seiner Marke zu hören. Grasberg erzählt, um etwas zu sagen, dass das Lokalfernsehen in der Schule einen Beitrag gedreht hat. Unglaubliche Wichtigtuer waren das! Sie haben die Kinder gefragt, wie ihnen das Essen aus der Schulküche schmeckt. Die Reportage ist allerdings bislang nicht gesendet worden. Oder er erzählt von den Kollegen: Unsere geschätzte Frau Ström hat sich scheiden lassen, mit vierundsechzig Jahren, und ist nun noch schwerer zu ertragen als vorher. Außerdem gibt es seit diesem Schuljahr noch eine junge Französischlehrerin, eine schmucke Person, die solltest du mal sehen.

Und ich, ich habe einen ganzen Stapel von Bildern in meinem Schreibtisch gefunden, erwidert Lennart, Garten mit Apfelbaum, in Wasserfarben, von einer 6c gemalt. Nur von welchem Jahrgang? Oder Lennart erzählt: Heute Nacht bin ich im Traum in Elisabeths himmelblauer Ente auf eurem Schulhof auf und ab gefahren, pausenlos, wie in einem Spiel, dessen Sinn ich allerdings selbst nicht verstanden habe.

Mit einem *Also dann* gehen sie schließlich auseinander, Lennart und Grasberg. Grasberg wird noch eine Weile neben Pernilla vor dem Fernsehgerät sitzen, oder er zieht sich in sein Arbeitszimmer zurück, um noch ein paar Schulaufgaben nachzusehen oder in einer archäologischen Zeitschrift zu lesen. Lennart wird sich den Wetterbericht anhören und dabei auf die menschenleere, bernsteinfarben beleuchtete Schulauffahrt hinunterschauen. Dann wird er vielleicht noch in einem der Bildbände mit mittelalterlichen Kunstwerken blättern, die Lukas ihm hinterlassen hat.

Manchmal im Winter aber, wenn es am allerkältesten ist, bemerkt Grasberg auf seinen Abendgängen mit Cato II., dass in einem der Klassenzimmer im Erdgeschoss Licht brennt und aus den Fenstern ein fahler Schein auf den verschneiten Schulhof fällt.

Sieh dir das an, Cato II. Unser Schulgespenst, der nächtliche Lehrer, geht wieder einmal um, sagt Grasberg und bleibt stehen. Hinter einem der Fenster zeichnet sich im Neonlicht eine untersetzte Gestalt ab, die reglos neben dem Lehrerpult steht. Nur von Zeit zu Zeit tritt sie zögernd an die Tafel, und es sieht so aus, als ob sie etwas anschreibe oder zeichne, um es im nächsten Augenblick gleich wieder auszulöschen. Manchmal geht die Gestalt auch langsam zwischen den Bankreihen auf und ab.

Grasberg schaut dem nächtlichen Lehrer ein paar Minuten zu, während er eine Zigarette raucht. Dann macht er sich mit Cato II. auf dem Heimweg zu Pernilla, die vor dem Fernseher sitzt und strickt. Grasberg zieht sich die Mütze tiefer über den blanken Schädel, denn die klaren Januarnächte in Sandvika sind über die Maßen kalt. Über den verschneiten Tannenwipfeln leuchten dicht an dicht die Wintersterne. Die mit überfrorenem Schnee bedeckte Straße schimmert im funzligen Licht der Straßenlaternen. Grasberg sieht sich nicht mehr um auf dem Nachhauseweg. Er weiß, dass es Mitternacht oder noch später werden kann, bis das Licht in dem Klassenzimmer ausgegangen sein wird und sich völlige Dunkelheit über das Schulgebäude breitet.